# विश्व रिकॉर्ड धारक
## अंतरराष्ट्रीय साहित्यिक मंच
# KB Writers
### की प्रस्तुति

### साझा काव्य संग्रह

**सम्पादक**

# संजय कुमार राव, कुमार सतीश, चन्दन केशरी

## www.kbwriters.com

# KB Writers

**बाबुबाँक, झाझा, जिला - जमुई (बिहार) 811308**
**website :- www.kbwriters.com**
**email :- kbwritersofficial@gmail.com**
**Call :- 8873000900**

चन्दन केशरी
संस्थापक एवं संपादक

कुन्दन केशरी
अध्यक्ष एवं संचालक

संजय कुमार राव
संपादक

कुमार सतीश
संपादक

## हमारी विशेषताएँ

- विश्व रिकॉर्ड धारक साहित्यिक मंच
- 47 से अधिक देशों से हमारे पाठक
- 10 से अधिक देशों से हमारे रचनाकार
- जुलाई 2020 से निरंतर कार्यरत
- विभिन्न पुस्तकें प्रकाशित

प्रकाशन वर्ष :- 2025          © रचनाकार

# प्रस्तावना

प्रिय साथियों,

के० बी० राइटर्स अंतरराष्ट्रीय साहित्यिक मंच की 37वीं पुस्तक "प्रेम के गीत" आप सभी के सम्मुख प्रस्तुत है। इस पुस्तक में कुल 78 रचनाकारों की 154 रचनाएँ सम्मिलित हैं। इस संग्रह के संपादक संजय कुमार राव, कुमार सतीश व चन्दन केशरी हैं।

इस पुस्तक में संकलित रचनाएँ समृद्ध, सुंदर और प्रेरणादायक हैं। पुस्तक में प्रकाशित सभी रचनाएँ प्रेम, प्रकृति, जीवन, समाज, धर्म, राष्ट्र आदि विविध विषयों पर लिखी गई हैं। सभी रचनाएँ अलग-अलग विषयों पर लिखी जाने के कारण यह पुस्तक आपको अवश्य पसंद आएगी।

"प्रेम के गीत" संग्रह एक ऐसी पुस्तक है जो हर उम्र के पाठकों को अपनी ओर आकर्षित करती है। इस पुस्तक में विभिन्न प्रकार की भावनाओं का समावेश है।

हमें आशा है कि आप सभी इस पुस्तक को भी वैसा ही प्यार और आशीर्वाद प्रदान करेंगे जैसा हमारी अन्य पुस्तकों, त्रैमासिक पत्रिका एवं विशेषांकों को देते आए हैं। आपके बहुमूल्य व महत्वपूर्ण सुझावों एवं समीक्षाओं की हमें सर्वदा प्रतीक्षा रहेगी।

धन्यवाद

# सम्पादकीय

अंतरराष्ट्रीय साहित्यिक मंच 'के० बी० राइटर्स' की 37वीं पुस्तक "प्रेम के गीत" (साझा काव्य संग्रह) प्रस्तुत करते हुए अपार हर्ष का अनुभव हो रहा है। अपने साहित्यिक सरोकार की दिशा में अहर्निश कार्य करते हुए 'के० बी० राइटर्स' का सदैव यह प्रयास रहा है कि अपने सुधी पाठकों के सम्मुख स्तरीय साहित्य प्रस्तुत किया जा सके और हमें खुशी है कि अपने सम्मानित रचनाकारों के प्रेमपूर्ण सहयोग से हम ऐसा कर पाने में सक्षम हो पाते हैं।

प्रस्तुत पुस्तक "प्रेम के गीत" में आपको जीवन के विविध रंगों से सराबोर रचनाएँ पढ़ने को मिलेंगी जो आपको निश्चय ही पसन्द आएँगी, ऐसा मेरा विश्वास है। पुस्तक के सम्पादन एवं मुद्रण में यथासम्भव सावधानी बरती गई है, फिर भी यदि कोई त्रुटि परिलक्षित होती है तो निःसंकोच अपनी टिप्पणी/सुझाव से हमें अवगत कराएँ।

आप सुधी पाठकों का प्रेम तथा सहयोग ही हमारा सम्बल है, हमारी प्रेरणा है।

धन्यवाद

**- संजय कुमार राव**

**सम्पादक**

# सम्पादकीय

**छला गया मैं पग-पग पर, हर राह मैं ठगा गया।**
**सूरत पर कभी गया नहीं, सीरत देखी पिघल गया।**
**ठगकर भी इतराता हूँ, मैं गीत प्रेम के गाता हूँ।।**

सुधी पाठकों,

सस्नेह नमस्कार,

विश्व रिकॉर्ड धारक अंतरराष्ट्रीय साहित्यिक मंच के० बी० राइटर्स की नई पुस्तक "प्रेम के गीत" आपके हाथों में सौंपते हुए अत्यधिक प्रसन्नता का अनुभव हो रहा है। इस पुस्तक को कुल 78 रचनाकारों ने अपने हृदयतल की अनुभूतियों की कुल 154 श्रेष्ठ रचनाओं से संजोया है, जिनमें उन्होंने जीवन के भिन्न-भिन्न पहलुओं को संवेदित करने का प्रयास किया है। प्रत्येक रचना सोद्देश्यपूर्ण है। कविकर्म के उद्देश्य और उनके विचारों को ही आप तक पहुँचाने का प्रयास यह मंच कर रहा है।

आशा है आपके अन्तर्मन को छूने में यह पुस्तक सफल होगी। आप सुधी पाठकों के प्रेम के बिना यह कार्य असंभव था। इस पुस्तक को तैयार करने में विभिन्न प्रबुद्ध व्यक्तियों का साथ हमेशा बना रहा जिनकी अनवरत कड़ी मेहनत से यह पुस्तक आप तक पहुँच रही है। मैं आप सभी का हृदय से आभार व्यक्त करता हूँ।

आपके अनमोल सुझावों और विचारों का सदैव स्वागत रहेगा जिनकी ऊर्जा से हमें निरंतर उत्साहपूर्वक कार्य करते रहने की प्रेरणा मिलती है।

पुनः आप सबका हार्दिक आभार।

धन्यवाद

**- कुमार सतीश**

**सम्पादक**

# सम्पादकीय

हम तो रचनाकार हैं, कहें रचना को मीत हम।
माँ शारदा की कृपा से, लिखें प्रेम के गीत हम।।
आपके हृदय तक पहुँचे, 'गर रचनाएँ हमारी,
पहुँच आपके हृदय तक, लिखें अपनी जीत हम।

प्रिय पाठकों,

36 पुस्तकों, त्रैमासिक पत्रिका एवं विभिन्न विशेषांकों के पश्चात आपका अपना विश्व रिकॉर्ड धारक अंतरराष्ट्रीय साहित्यिक मंच 'के० बी० राइटर्स' आज बड़े ही हर्ष के साथ अपनी यह 37वीं पुस्तक 'प्रेम के गीत' के साथ उपस्थित है।

यह साझा काव्य संग्रह है जिसमें 78 रचनाकारों के हृदय के भाव आपके हृदय तक पहुँचकर आपको एक नई साहित्यिक यात्रा का अनुभव कराएँगे। यह पुस्तक विभिन्न विषयों पर आधारित रचनारूपी पुष्पों का गुलदस्ता है जो आप सभी पाठकों तक अपनी सुगंध पहुँचाने को व्याकुल थी, किन्तु अब यह व्याकुलता शांत हो चुकी है क्योंकि अब यह आपके हाथों में है और आपके चेहरे की चमक बता रही है कि इसकी सुगंध आपको अपनी ओर आकर्षित कर रही है।

आप सभी पाठकों के स्नेह, सहयोग एवं आशीष के परिणामस्वरूप हमारा के० बी० राइटर्स निरंतर प्रगति के पथ पर अग्रसर है, जिसका पूरा श्रेय आप सभी पाठकों को जाता है। आशा है कि आप इस पुस्तक को अपनी पसंदीदा पुस्तकों में शामिल करेंगे।

धन्यवाद

**- चन्दन केशरी**
सम्पादक

# आभार

प्रिय साथियों,

किसी भी पुस्तक का प्रकाशन एवं सफलता बिना सबके सहयोग के संभव नहीं है। के० बी० राइटर्स अंतरराष्ट्रीय साहित्यिक मंच उन सभी विद्वान एवं कुशल रचनाकारों के प्रति हृदयतल से आभार व्यक्त करता है जिन्होंने अपने अनुपम एवं हृत्प्रिय रचनाओं से इस साझा काव्य संग्रह "प्रेम के गीत" को दैदीप्यमान कर दिया।

हमारा मंच उन सभी सहयोगियों के प्रति भी अंतस से आभार व्यक्त करता है, जिन्होंने प्रत्यक्ष या परोक्ष रूप में इस साझा काव्य संग्रह के प्रकाशन में अपना अप्रतिम सहयोग प्रदान किया।

हमारा मंच उन सभी पाठकों का भी आभारी है जिन्होंने इस संग्रह का अवलोकन कर इसे हृदयस्थ कर आशीर्वाद दिया।

आगे भी हमारा मंच आप सबके सहयोग से एक से बढ़कर एक उत्कृष्ट काव्य / कहानी संग्रहों का प्रकाशन कर हिन्दी साहित्य के उत्थान में अपना शुचि योगदान प्रदान करता रहेगा।

पुन: आभार सभी का।

**- कुन्दन केशरी**
**(अध्यक्ष एवं मंच संचालक)**
**के० बी० राइटर्स अंतरराष्ट्रीय साहित्यिक मंच**

# विषय सूची

# आइए! शुरु करते हैं...

# मैया मैं नहीं माखन खायो

छींको की ऊँचाई नापो,
मैया मुझ को ताको।
झूठमूठ का नाम लगावत,
ये है न्याय कहाँ को।
मैया हमको बाँध रही है,
कोई मोहे बचाओ।
मैया मैं नहीं माखन खायो।

**डॉ० कुमार वर्मा**
**(पता :- बाराबंकी, उत्तर प्रदेश)**

मैया इतना नहीं सोचती,
मैं छोटो सा बच्चा।
साथी सारे ग्वाल बाल हैं,
सबै उमर मा कच्चा।
ओ भैया बलराम कहाँ हो,
आओ मुझे बचाओ।
मैया मैं नहीं माखन खायो।

मैं तो गौ ग्वाल सँग मैया,
गया था यमुना तीरे।
तूने तो जाते देखा था,
सच कह बात सखी रे।
मेरी गवाही में गौमाता,
तुम्हीं जरा रम्भाओ।
मैया मैं नहीं माखन खायो।

मैया मैं तो ढूंढ रहा था,
केवल बासी रोटी।
मैया मोको सजा दिलाती,
लेकिन थोड़ी छोटी।
जरा बात की किसी बात को,
मैया चोरी मत बतलाओ।
मैया मैं नहीं माखन खायो।

मैया हमने माटी खाई,
माखन नहीं खाया।
मुँह को खोल दिया कह,
देखो हमने नहीं छिपाया।
मैया बोली मुँह के भीतर,
दुनिया नहीं दिखाओ।
जितनी मर्जी मेरे कन्हैया,
खुलकर माखन खाओ।

खेल-कूद में समय बीतता,
रह भूखा और प्यासा।
सोच रहो थे थोरो माखन,
मिलतो तनिक जरा सा।
ओ नन्द बाबा तुम्हीं बचा लो,
रस्सी बंधी छुड़ाओ।
मैया मैं नहीं माखन खायो।

# भला कीजिये

हो सके जितना उतना भला कीजिए।
बेवजह न किसी को हँसा कीजिए।

जिससे कुछ भी बुरा यदि किसी को लगे,
ऐसे बातें कभी न कहा कीजिए।

कुछ मनन कीजिए कैसे मानव बढ़े,
यूँ कभी न किसी को मना कीजिये।

एक ज़रा चूक पर लोग तैयार हैं,
अपना दामन बचाकर चला कीजिए।

सब हैं अपने यहाँ मान के देखिये,
सँग अपनों के फिर न दगा कीजिये।

पेड़ पौधों से पर्यावरण शुद्ध हो,
एक पौधा तो अपना लगा दीजिए।

लोग रहते हैं सारे ज़मीन पर कुमर,
उस जमी पर तो थोड़ी दया कीजिये।

**डॉ० कुमार वर्मा**
**(पता :- बाराबंकी, उत्तर प्रदेश)**

# क्या क्या मिला

ढाई आखर नाम का, चारों तरफ़ जलवा मिला।
पेट पकड़े भूख से, मरता मगर कलुवा मिला।

उसकी टूटी झोपड़ी, जो मर चुकी औ सड़ चुकी,
घर गृहस्थी नाम पर, मिट्टी मिली मलवा मिला।

डॉ० कुमार वर्मा
(पता :- बाराबंकी, उत्तर प्रदेश)

मकड़ियों के जाल में, मच्छर मरे और कीट भी,
छिपकली के प्यार के, दीदार का जलवा मिला।

एक निर्धन के दवारे, पाँच साधू आ गए,
खुद को तो पानी मिला, पर सन्त को हलुवा मिला।

आग चूल्हे की जले, तो पेट वाली शान्त हो,
किन्तु रोटी पूछती है, घी नमक में क्या मिला!

एक जरा सी बात पर, सिंदूर उजड़े घर जले,
मीडिया हेडिंग की खातिर, एक तो बलवा मिला।

नफ़रतों की हर दीवारें, प्यार में बदलो कुमर,
प्रेम को स्वीकार लो, मत सोचिए क्या क्या मिला।

# कमली की शादी

उपले थपे दीवार के,
बिटिया हटा कर घर गई।
और उस दीवार पर,
चावल की थापी छप गई।
        आज कमली के हृदय में,
        कंपकंपी बस कंपकंपी थी।
        हाथ की हर थाप पर, पर
        भाग्य की रेखा छपी थी।
हाथ में हल्दी लगा कर,
आज कमली उड़ रही थी।
भाग्य की अब एक रेखा,
दूसरे से जुड़ रही थी।
        खुशी पल दीपों ने देखे
        आँख अपनी खोल कर।
        कल्पना के बिम्ब रोये,
        अनमना कुछ बोल कर।
देख लो कमली हमारी,
कल पराई हो रही है।
एक कच्ची कोठरी सँग,
जल की मटकी रो रही है।
        आज चूल्हा मौन था,
        कमली का सपना खो गया।
        उसके उपले उसका ईंधन,
        तक बेचारा रो गया।
एक तख्त पर धोतियाँ,
फलफूल सब बिखरे पड़े थे।
पर दहेजों के लिए कुछ,
लालची बिगड़े खड़े थे।
        मौन दो आँसू की धारें,
        धो गईं आँगन दीवारें।
        एक माँ पाषाण जब हो,

**डॉ० कुमार वर्मा**
**(पता :- बाराबंकी, उत्तर प्रदेश)**

        किस तरह वो माँ पुकारे।
एक मसेहरी पे सजा था,
एक गद्दा, एक रजाई।
मानों तीनों कह रहे थे,
देख ले अपनी कमाई।
        देख कमली की विदाई,
        स्वागतम घबरा गई।
        पर विदाई गीत गाने,
        औरतें सब आ गईं।
आँख में आँसू छिपा कर,
सिर्फ इतना बोल पाई।
मैया बापू लौट जाओ,
द्वार तक दे कर विदाई।
        आंख से आंसू गिराने,
        आ गई थी एक विदाई।
        सन्न मन लिखता रहा,
        लो हो गई कमली पराई।

# गाना नहीं

जान-ए-मन जान-ए-जिगर हमने तुम्हें जाना नहीं।
एक नजर झुकती गई लेकिन वफ़ा माना नहीं।

दर्द जब माने नहीं मेरे ज़ख्म दिल के देख के,
वज्म जाके इन गमों को हमको दिखलाना नहीं।

**डॉ० कुमार वर्मा**
**(पता :- बाराबंकी, उत्तर प्रदेश)**

आज खुल के मुस्कुरा लो इस खुशी के शहर में,
क्योंकि गम की बाढ़ का होता है पैमाना नहीं।

हाथ में हाथों को थामे जो कसम खाते रहे,
हाथ तेरा छोड़कर उनको रिश्ते निभाना नहीं।

हरी चूड़ी हाथ की या तन लपेटी साड़ियाँ,
तुम हो महिला सोच वाला ज्ञान दिलवाना नहीं।

वक्त आता बदल जाता यह अमिट इतिहास है,
बस यही अफ़सोस हमने सच कभी माना नहीं।

जान कर अनजान थी हर हसरतें उसकी मगर,
देखकर रोई कलम लिखती कोई गाना नहीं।

आँख के आँसू छिपाना या कहीं छिपकर गिराना,
प्यार में खिलवाड़ करना 'कुमर' ने ठाना नहीं।

# चला हूँ

प्यार की एक महफिल सजाने चला हूँ,
दिलों को दिलों से मिलाने चला हूँ।

आज मानव स्वयं को खुदा मानता है,
तब मैं उनकी ख़ुदाई दिखाने चला हूँ।

गया शौर्य सरहद शहीदी हुआ तन,
बुझे घर का दीपक जलाने चला हूँ।

बहुत मार्ग भटकन से हरदम सजे हैं,
सुगम मार्ग सब को दिखाने चला हूँ।

खरीदोगे कब तक 'कुमर' ये बताओ,
तभी फूल खुद घर उगाने चला हूँ।

डॉ० कुमार वर्मा
(पता :- बाराबंकी, उत्तर प्रदेश)

# बहुत है

दिल में पलता प्यार बहुत है।
चला करे सरकार बहुत है।

आँखें नम हैं, मौन जुबाँ है,
हँसता गाता द्वार बहुत है।

आँख जाँच में लगी हुई है,
जीवन में क्यों हार बहुत है?

नींद रूठ बैठी धरने पर,
आपस पड़ी दरार बहुत है।

कान के पर्दे फ़टे हुए हैं,
तब रोती दीवार बहुत है।

चाँद चमकता गीत गज़ल में,
एक वही किरदार बहुत है।

हरकत शर्मसार करती है,
यह कहता अखबार बहुत है।

मुद्दत बाद बना गठबंधन,
सचमुच में होशियार बहुत है।

देख 'कुमर' भी खुशहाली का,
वक्त को इन्तेजार बहुत है।

डॉ० कुमार वर्मा
(पता :- बाराबंकी, उत्तर प्रदेश)

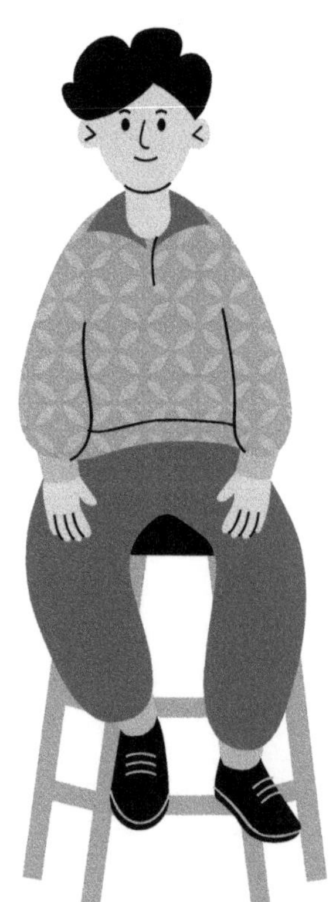

# खो गए

प्रेम तन प्रीत सन मन ही मन खो गये।
उर के हर खेत में प्रेम धन बो गये।

कल की चिंता नहीं आज मधुमास है।
सबको इस बात का एक अहसास है।

**डॉ॰ कुमार वर्मा**
**(पता :- बाराबंकी, उत्तर प्रदेश)**

दो घड़ी में विरह अश्रु सब खो गए।
प्रेम तन प्रीत सन मन ही मन खो गए।

गम तेरे देख कर चांद निकला नहीं।
दिल भी पत्थर हुआ और पिघला नहीं।

करवटों से थके और फिर सो गए।
प्रेम तन प्रीत सन मन ही मन खो गए।

एक यौवन सुघड़ एक तन पा गया।
प्रेम का रूप धर सबका मन भा गया।

गम में चेहरे भिगे अश्रु से धो गये।
प्रेम तन प्रीत सन मन ही मन खो गए।

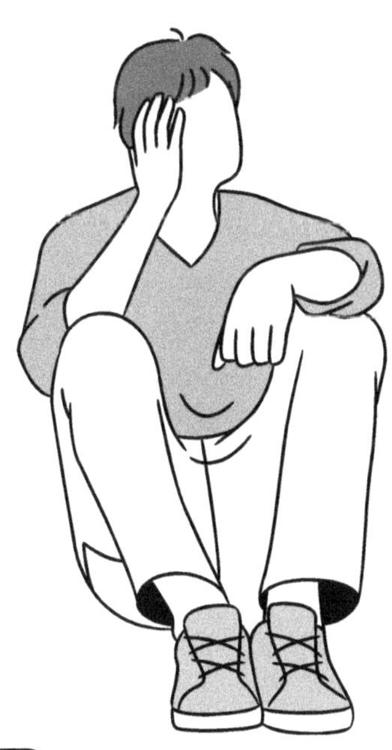

# बन्दर की लव मैरिज

मेरे बगल के एक पेड़ पर,
उस की रानी रहती थी।
जीवन भर का हाथ साथ ले,
प्रेम कहानी कहती थी॥

दोनों के दिल में जलती थी,
नये प्यार की एक ढिबरिया।
बन्दर बोला सुनो बन्दरिया,
हम दोनों की एक डगरिया॥

इतना बढ़ा प्यार सिलसिला,
घर वालों को पता चल गया।
बिना दहेज करेगा शादी,
एक लालची बाप जल गया॥

उनको लगा जोर का झटका,
बेटे को भरसक समझाया।
बेटे तुमने क्या कर डाला,
बहुप्रकार बहुविधि धमकाया॥

बंदर भी था पूरा मजनूँ,
नहीं प्यार से डिगा हिला।
लव मैरिज की जिद जागी,
पहुँच गया वो गया जिला॥

गया कचेहरी गजब तमाशा,
छिप बैठे बिरवे की ओट।
लिए बहुत फ़ाइल पे फ़ाइल,
दिखे बहुत से काले कोट॥

**डॉ० कुमार वर्मा**
**(पता :- बाराबंकी, उत्तर प्रदेश)**

एक युगल से माँग रहा था,
लव मैरिज की महंगी फीस।
फूटी कौड़ी पास नहीं थी,
फूट पड़ी दोनों की खीस॥

लौट के बुद्धू घर को आये,
मेहनत से कुछ अर्थ कमाए।
मातु पिता का कहना माना,
लव मैरिज का भूत भुलाये॥

# क्या मिश्री घोलूँ फिर बोलूँ

भावों में सुंदर भाव मिले,
शब्दों से दिल के तार खिले।
कोई साथी हाथ बढ़ा तो दे,
शायद थोड़ा विश्राम मिले।

क्या तितली जैसा इतराऊँ,
मकरन्द मधुर लब से घोलूँ?
क्या मिश्री घोलूँ फिर बोलूँ?

गाँधी पर बहुत निबंध लिखे,
रिश्तों पर सौ अनुबंध लिखे।
जो दिल से दिल को जोड़ सके,
क्या उस पर सुंदर छंद लिखे?

दुनिया गम में कठपुतली है,
सारा बोझा मैं खुद क्यों लूँ?
क्या मिश्री घोलूँ फिर बोलूँ?

रोटी कपड़ा व्यापार लिखूँ,
मानवता को बीमार लिखूँ।
जब सारी दुनिया रोती है,
तो खुशियों का अखबार लिखूँ।

जो होता है वह होने दूँ,
या आँख मूंदकर मैं सो लूँ?
क्या मिश्री घोलूँ फिर बोलूँ?

मैं मन मंदिर में मुसकाऊँ,
श्रृंगार लिखूँ उसको गाऊँ।
आतंकी हमले रोज करें,
वन्दे मातरम कैसे गाऊँ?

**डॉ० कुमार वर्मा**
**(पता :- बाराबंकी, उत्तर प्रदेश)**

अब एक शहादत के पीछे,
आखिर कितना कबतक रो लूँ?
क्या मिश्री घोलूँ फिर बोलूँ?

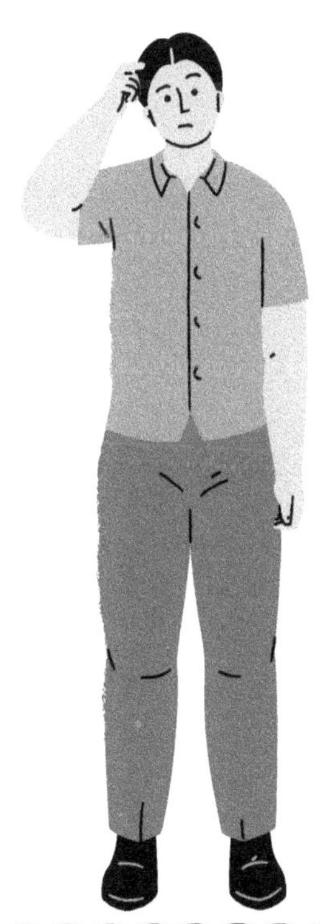

# संवेदनहीनता

आज मानव, मानव का दुःख-दर्द समझे नहीं,
आज हर मानव भावों से रहित होता जा रहा।

हृदय से भावनाएँ खोकर मानव सभी,
क्यों? आज का मानव क्रूर होता जा रहा।

दूसरों की तकलीफ का फायदा उठाकर,
मानव संवेदनहीनता से भरा जा रहा।

धन-दौलत की चाह में हर मानव,
आज क्यों हैवान बनता जा रहा?

कोई किसी की तकलीफ समझे नहीं।
मानव पत्थर का बुत बनता जा रहा।

धरती, अंबर, वृक्ष, नदियाँ सभी नहीं बदले।
फिर क्यों? आज मानव रूप बदलता जा रहा।

**सुषमा सिंह "उर्मि"**
**(पता :- कानपुर, उत्तर प्रदेश)**

# मेरे श्याम

कभी न मुझको भूलना,
हे मेरे घनश्याम!
तुम ही मेरी सांसें, धड़कन,
तुम ही मेरे श्याम।
मन के आलय में आ बसो,
सुनो मेरे मन की पुकार।
पुष्पों से सजा हुआ है,
मेरा आँगन द्वार॥
मेरे मन के कोने में,
मोहन करो तुम प्रकाश।
क्रोध, लोभ के दानव का,
प्रभु तुम करो विनाश॥
रोम-रोम मेरा जपता,
मोहन तेरा ही नाम।
मन मंदिर में तुझे निहारूँ,
में तुमको सुबह-शाम॥
मेरे मन की पीड़ा समझो,
है तुमसे अरदास!
आख़िर तुम दर्शन दोगे,
है यह पूरा विश्वास॥
कृष्ण-राधा का अनंत प्रेम,
सब ही जाने जगत में।
पल-पल राधा नाम जपे,
कान्हा-कान्हा हृदय में॥

**सुषमा सिंह "उर्मि"**
(पता :- कानपुर, उत्तर प्रदेश)

# आदमी मत पूछ

आ पास बैठ कुछ तो बोल,
यार पर अभी हाल मत पूछ,
उनकी नजरें ही काफ़ी है,
अब तलवार की धार मत पूछ ।

सच बोलकर फाँके मत कर,
चल थोड़ा दुनिया के साथ,
शहर जलता है तो तूँ यार,
दंगे फ़साद की बात मत पूछ।

उजाले की चाह छोड़,
तारीकियों में देखना सीख ले अब,
चेहरे के पीछे कितने चेहरे है,
नकाबों की बात मत पूछ।

सोचता हूँ तू राज को राज रखेगा,
पर दिल तो दिल ही है,
कौन वफ़ा करता है यार,
दिल की बात ही अब मत पूछ ।

सब अपने है बस थोड़े खफ़ा,
है तो किसे गैर कहें हम,
इसीलिए तो कहता हूँ,
अब तू हिन्दू मुसलमान मत पूछ ।

चल ना कहीं दूर अब भी,
मान जा कहाँ खोया है उठ,
सब तो यहाँ हिन्दू-मुसलमान ही है,
अब आदमी मत पूछ ।

**बिनोद कुमार सिंह**
**(पता :- गोपालगंज, बिहार)**

दिल को निकाल अब फेंक दरिया में,
इतना रोता क्यों है ?
जाने दे जहाँ जाता है चल,
कहीं अब साहिल मत पूछ।

शांति से शांति के पास रह,
अब कहाँ जायेगा "बिनोद",
मरने से डरता क्यों है?
शर्त इतनी है खैरियत मत पूछ।

# मोहब्बत की डगर

आइये मिलकर दीवारें नफरत की गिराते चलें,

त्योहार किसी भी मजहब का हो,

सब मिलकर दिल से मनाते चलें,

वह मजहब जो इन्सान को बाँटने की वकालत करे,

मोहब्बत की डगर चल कर, सब कुछ मिटाते चलें,

क्यूँ छोटी-छोटी बात पर, खून की नदी बहाएँ,

जो नफरत का जहर बोए, उसे ही दफनाते चलें,

भाइचारे में ही भलाई है सबकी,

बातों के जरिए दूरियों को क्यूँ न मिटाते चलें,

गाँव हो या शहर या फिर कोई दहर ,

रौशन ज़मीर कर दो हर नफ़रत भरे दिल को,

मोहब्बतों के चिराग हर दिल में जलाते चलें,

ताप ,पानी, सर्दियों में, जो चलने की कसम खाई,

जो हर कष्ट को हम सब की खातिर झेल रहे,

उन भारतीयों का हौसला, सब मिलकर बढ़ाते चलें,

हर कोई फंसा है यहाँ, अपनी मुसीबतों में,

ज़ख्मों में नमक लगाने के बदले, मरहम लगाते चलें।

**भोला शरण प्रसाद**
**(पता :- नोएडा-150,**
**उत्तर प्रदेश)**

# मेरा संसार

प्रेम करता हूँ मैं कितना ?
शायद कभी यह कह सकूँगा।
बात दिल की , दिल से तुमसे,
शायद कभी यह कह सकूँगा...!

तुमसे ही मुझको जीवन मिला है ,
माँ तुम ही मेरा आधार हो ।
पापा तुम हो एक सहारा ,
तुम ही मेरा संसार हो ।

जब कभी मैं हार जाऊँ ,
टूट कर के बिखर जाऊँ,
देकर सहारा समेट लेना,
स्नेह अपना लुटा देना ।

प्रेमाशीष लेकर के बढ़ूँगा,
सत्य के पथ पर चलूँगा ,
रखना भरोसा मैं जीत जाऊँगा ,
नाम सबका कर दिखाऊँगा ।।

अभिषेक
(पता :- पौड़ी गढ़वाल,
उत्तराखण्ड)

# मौन

आठवीं कक्षा का मैं छात्र था।
निडर,असंकोची,मुंहफट
का मेरे सिर पे ताज था ।
कहते गुरुजन बेटा तनिक धैर्य तो बढ़ाओ !
पहले सोचो, समझो और फिर
अपनी बात बतलाओ ।
मुझमें भी कहाँ ठहराव था,
शायद मेरी अंग्रेजी का मुझ पर ताव था ।
झट ऊल्टो उत्तर- फट पुलटों प्रश्न ,
क्रोध के मारे देखें गुरुजन के नयन ।
चक्कर सारा अल्हड़ उम्र का था,
विद्यालय जीवन, भ्रमित संसार से परे जो था ।
आज कुर्सी पे बैठ कर ईमेल का इनबॉक्स ठकठकाता हूँ ,
या फिर किसी प्रोजेक्ट का प्रयोजन समझाता हूँ ।
अपने को बहुत संकुचित करना पड़ता है ,
कई बार तो हाँ-हम्म में ही सब्र हो जाता है ।
बचपन में सुबह जब चिड़िया चूँ-चूँ करके आती थी,
तो कुछ न कुछ नए दाने शब्द के दे जाती थी ।
अब तो गाड़ियों की टीं-टीं है ,
फोन की रिंगटोन है ,
हेडफोन का संगीत है ,
जहाज की गड़गड़ाहट है ,
सोनिक बूम है ,
विस्फोट की गूँज है ,
नहीं है तो बस..
हवा की सनन-सनन करती आवाज ,
दोपहर का सन्नाटा ,
शाम का ठहराव ,
इन सब के लिए कहीं दूर
पहाड़ या जंगल जाना पड़ता है ।
और यहाँ शहर में अपना मनपसंद गाना,
मौन ही गुनगुनाना पड़ता है ।

**देवेंद्र पाल**
(पता :- चण्डीगढ़)

# कुण्डलियाँ

मीठा-मीठा बोलिए, मन को करे प्रसन्न।
होगी जब सद्भावना, तभी प्रीति उत्पन्न॥
तभी प्रीति उत्पन्न, प्यार के ढोल बजेंगे।
फैला है जो झूठ, उसे तो अभी तजेंगे॥
करना सब से स्नेह, खाइए प्यारा पीठा।
नफ़रत होगी दूर, बोलिए मीठा-मीठा॥

**अविनाश ब्यौहार**
**(पता :- जबलपुर, मध्य प्रदेश)**

जो भी मक्कारी करे, उसकी जरा न खैर।
और फरेबी कर रहे, हवालात की सैर॥
हवालात की सैर, जेल की रोटी तोड़ें।
नाते-रिश्तेदार, वक्त पर है मुख मोड़ें॥
सदा रही है काट, जुर्म की पैनी आरी।
उससे रहो सतर्क, करे जो भी मक्कारी॥

बदहवास सा दिन लगे, डरी-डरी सी शाम।
भला रात का क्या कहें, भोर हुई गुमनाम॥
भोर हुई गुमनाम, काग अब क्या बोलेगा।
है साजिश की गंध, भेद कोई खोलेगा॥
जो भी हुआ सहाय, वही तो लगे खास सा।
बलवा जैसी बात, आदमी बदहवास सा॥

सर्दी ने फैला दिए, अपने हरे दुकूल।
सूनी-सूनी आँख में, ख्वाब रहे हैं झूल॥
ख्वाब रहे हैं झूल, शीत का क्या मौसम है।
ओस नहाई दूब, भोर को कैसा गम है॥
पहन रखा है सूर्य, धूप की मानो वर्दी।
ऊनी कंबल-शाल, और ठिठुराती सर्दी॥

# देखो

नेकी का निर्वासन देखो।
और बदी का शासन देखो।

मंत्री जी जिस पर बैठे हैं,
रत्न जटित सिंहासन देखो।

गाँवों में जब भी बैठोगे,
लोगों का पर्यासन देखो।

वो घिस-घिस कर माँज रही है,
चमक रहे हैं बासन देखो।

चीख-पुकार मची है फिर भी,
उनका ऐश-विलासन देखो।

**अविनाश ब्यौहार**
**(पता :- जबलपुर, मध्य प्रदेश)**

# याद

**अर्चना सिंह**
**(पता :- गौतम बुद्ध नगर,**
**उत्तर प्रदेश)**

प्यारा बेटा !
याद है तुझे, तूने
बचपन में दशहरे के मेले से
एक खिलौना लाया था,
दो दिन में तोड़ कर उसे
तू स्टोर के अलमारी
में छिपाया था।
पापा ने खींच के तुझे
दो चांटे लगाया था,
तब तुम्हारी माँ का दिल
कितना भर आया था।

दो निवाले खिलाने
गयी थी तुझे,
और तू मेरा हाथ पकड़ के
जी भर के रोया था,
फिर सिसक-सिसककर सोया था।

फुर्सत में साफ करने
बैठी हूँ आज स्टोर रूम,
तेरा खिलौना दिख
तो गया मुझे पर,
वक़्त कैसे निकल गया बेटा।
अब तू कितना बड़ा हो गया।

प्यारी बिटिया !
तूने भी तो उस
दिन दशहरे मेले से
एक गुड़िया लायी थी,
मेरी लाल चुन्नी से

गुड़िया के लिए तू
कपड़े सिलवाई थी।
भैया से लड़ के तू
उसे कोने में छिपाई थी,
तेरी गुड़िया पर भी
नज़र पड़ गयी बेटा,
आज घर तुम दोनों की
आहट के बगैर खाली था।

फिर से आज अपनी चुन्नी से
तेरी गुड़िया के लिए
कपड़े सिलने बैठी हूँ,
अपनी गुड़िया को ये
गुड़िया दिखाने कब लाएगी।

सुना है तेरी गुड़िया के
साथ इस बार तू गर्मी की
छुट्टियाँ यहीं बिताएगी।

# प्रेम

गर मैं ज़्यादा से ज़्यादा प्रेम करुँ...
क्या यह काफी होगा...!
शायद तुम फिर से आ जाओगी...!
शायद तुम भी मुझ से प्रेम करोगी...!
शायद तुम मेरे पास रहोगी...! ।।१।।

**अच्युत उमर्जी**
**(पता :- पुणे, महाराष्ट्र)**

गर मैं जिम्मेदारी लूँ तेरी...
शायद तुम भी जिम्मेदारी लोगी...!
शायद मुझ तक तुम पहुँचोगी...!
शायद मैं भी तुम तक पहुँचूँगा...! ।।२।।

गर मैं ज़्यादा प्रयास करूँ...
क्या यह जायज होगा...?
शायद मेरे लिए...!
विश्व से कम न होगा...।।३।।

गर तुम सब कुछ दे पायी...!
मैं भी न्योछावर कर दूँगा सब कुछ...!
ऐसा करने से कुछ लाभ होगा...
क्या तुम लौट आओगी...! ।।४।।

गर मैं कोई और होता...?
गर मैं कुछ और होता...?
गर मैं वो सब कुछ कर लेता...!
क्या तुम रूक जाती...? ।।५।।

# दोनों

ठंड का महीना चल रहा है...
दोनों का सहवास गुलाबी हो गया है...,
साँसें दोनों की सुगंध बरसा रही हैं...
कुछ ऐसे एकरूप हुए हैं...
दोनों ही देहभान भूल चुके हैं...।।१।।

दोनों की नजरें एकरूप हो गई हैं...,
दिल की धड़कनें तेज चल रही हैं...,
तपती साँसें होंठों से मिले हैं...,
होंठ होंठों से मिले हुए हैं...।।२।।

दोनों की भावनाएँ एकरूप एक हो गयी हैं...,
दोनों स्थिर हैं, निशब्द हैं...,
दोनों के देह का स्पर्श हुआ है...!

**अच्युत उमर्जी**
**(पता :- पुणे, महाराष्ट्र)**

# प्रेम में मेरे खो जाओगे

कितनी बार देखोगे छुप-छुप के...,
नजरों को एकरूप कर के देख...,
खुद को ही ढूँढते रह जाओगे...?
खुद को मुझमें समा के देख ले...।।१।।

बिना स्पर्श के कितना बोलोगे...?
नजरों के नशा से घायल करोगे...,
एक स्पर्श कर के देखले मुझे...,
प्रेम में मेरे खो जाओगे...।।२।।

मुझे सामने रख...
कितनी कविता लिखोगे...
कभी मेरी नज़र में समाकर देख...,
बिन ब्याज प्रेम में भीग जाओगे तुम...।।३।।

**अच्युत उमर्जी**
(पता :- पुणे, महाराष्ट्र)

# गणतंत्र आया लहराया तिरंगा शान से

"एकता अखंडता का महत्त्व समझाता है,
हर गणतंत्र और स्वतंत्रता दिवस
इंसानियत और मानवता की राह दिखाता है।।"

आचार्या नीरू शर्मा
(पता :- कांगड़ा, हिमाचल प्रदेश)

देख सखी री !
आया गणतंत्र दिवस संग
चंचल - शोख़, महक़ती हवाओं ने
तिरंगे को शान से लहराया है।
हुआ संविधान लागू इस दिन
है ख़ास यह राष्ट्रीय पर्व हमारा।
देश की आज़ादी, एकता और
अखंडता की ख़ातिर
देकर प्राणों का बलिदान,
हर वीर - वीरांगना ने भारत - भू का
मान सदा ही बढ़ाया है।
सखी री!
भारत की समृद्ध संस्कृति, एकता
और शक्ति का भी होता है इस दिन प्रदर्शन
जिसे देखने...
जन - जन का सैलाब उमड़ता आता है।
आकर ये दिवस समझाते हैं सबको
रहना सदा ही मिलकर सब,
हो मतभेद कभी तो मनभेद नहीं होने देना,
विचारों के अंतर पर फूट नहीं पड़ने देना।
देश, परिवार का रखना मान
सच्चे मानव बनकर रहना ,
मानवता को कभी नहीं तुम खोने देना।
आओ, धरा के प्रिय संतानों...
हम सब मिलकंर लें प्रण
रखेंगे मान देश और इंसानियत का
और यूँ ही सदा बना रहेगा
'विश्व गुरू' प्यारा भारत देश हमारा।।

# तस्वीर

आज बहुत पुरानी तस्वीर मिली तुम्हारी,

इतनी सादगी और सरलता थी उसमें,

भले ही फीके पड़ गए हैं रंग तस्वीर के,

पर बहुत गहरी उससे यादें जुड़ी है तुम्हारी,

वो तस्वीर जो तुम्हारा मेरे,

अपना होने का एहसास दिलाती है,

वो तस्वीर जो एक पल में अतीत में ले जाती है,

उस तस्वीर मे भले ही महक भी,

पुरानी सी आ रही है।

फिर भी वो तस्वीर पुरानी यादों से महक रही है,

वो तस्वीर जो बीते दिनों के सागर में गोते लगा रही है।

वो तस्वीर तुम से जुड़ी हर बात फिर से दोहरा रही है।


काश...

आज ये तस्वीर न मिलती,

तो न खुलती मन की टीश की गाँठ,

तो न पिघलते बरसों से जमे आँसू,

न वो आँचल को भिगोते,

न हम इस कदर सिसकते,

न हम फूट-फूट कर रोते।।

**गोल्डी अधिकारी**
**(पता :- रुद्रपुर, उत्तराखंड)**

# हम

अब हम किसी बात की जल्दी नहीं करते ,
हर बात हर काम बड़े एहत्राम से है करते।
दौड़-दौड़कर जीने की अब चाह नहीं,
अब हम आराम से हैं जीते ,
बहुत रहा कोतूहाल जीवन चक्र में हमारे,
कब सुबह हुई कब शाम कुछ पता ही नहीं ।
दौड़ धूप, दो जून की रोटी, कपड़ा, मकान,
साँसों से ज्यादा तो चलना पड़ता था इनका काम।
कभी अपने भी चले थे साथ,
कई मझधार में ही छोड़ गए थे हाथ,
साथ होना उनके शायद वाजिब नहीं था।
सोच कर इन बातों को कभी दिल मायूस हुआ था,
पर याद कर उन बातों को दिल घबराता नहीं,
अब इत्मिनां ही इत्मिनां न है जिंदगी में,
अकेले ही सही जिंदगी आराम से कटती है।
वह जिंदगी की दौड़ धूप थम गई है,
अब दो जून की रोटी जोड़नी नहीं पड़ती,
होती है दोरकार चंद लम्हों की उनकी,
जो साथ तो है पर साथ नहीं रहते।

**गोल्डी अधिकारी**
(पता :- रुद्रपुर, उत्तराखंड)

# जिंदगी

एक ओर परिवार की जिम्मेदारियाँ ,
एक ओर खुद की ख्वाहिशें पूरे करने की होड़ है ।
तू ही बताना जिंदगी मेरी,
जीवन में बैलेंस किधर है ।

**गोल्डी अधिकारी**
**(पता :- रुद्रपुर, उत्तराखंड)**

हर शख्स जिंदगी में भरकश कोशिश करता है,
तालमेल जीवन में बैठने की,
माँ को मनाऊँ तो बीवी रूठ जाती है।
हँसी छुपाओ तो खुशी रूठ जाती है,
तू ही बताना जिंदगी मेरी,
जीवन में बैलेंस किधर है।

दायरे बना लो तुम चाहे जितने,
यह खिचम-खाची का दौर है ।
तराजू लेकर ख्वाब तोल नहीं सकते,
कहीं तो खुशियाँ सस्ती और आँसू बेमोल है,
तु ही बताना जिंदगी मेरी ,
जीवन में बैलेंस किधर है ।

सुबह का चढ़ता सूरज शाम तक रंग अपना बदल देता है,
यह सिर्फ इंसान है गिरगिट बन ही जन्म लेता है ।
कहीं कैसे तो कहीं वैसे ,
इंसानियत की कमजोरी बड़ी डोर है ।
तू ही बताना जिंदगी मेरी ,
जीवन में बैलेंस किधर है ।

# कुटुम्ब

अनन्तराम चौबे अनन्त
(पता :- जबलपुर, मध्य प्रदेश)

कुटुम्ब में दादा दादी बनाने पर
पोता-पोती अच्छे लगते हैं।
पीढ़ी दर पीढ़ी ये क्रम
ऐसे ही चलते रहते हैं।।

दादा दादी , नाना नानी हो
हर घर की यही कहानी है ।
बच्चों की मोह माया ऐसी है
जो सदियों से भी पुरानी है ।।

कुटुम्ब परिवार पोतों से ही
पीढ़ी दर पीढ़ी आगे बढ़ता है ।
प्रकृति का भी यही नियम है
सदियों से जो चलता आया है ।।

लड़का लड़की की शादी होती
और पति-पत्नी बन जाते हैं ।
पति-पत्नी के रिश्ते जब जुड़ते
माता पिता भी बन जाते हैं ।।

बेटों की जब संतान होती
तब दादा दादी बन जाते हैं ।
यही क्रम चलता रहता है
और पोत्र जब पैदा होते हैं ।।

पोते को गोद में पा करके
दादा दादी खुश होते हैं ।
मोह माया के इसी जाल में
सभी के जीवन चलते रहते हैं ।।

# कवित्व

कोई पूछे कैसे कवि बने हो यार,
शब्द कैसे बनते सामने ये साचार।
शब्द नहीं सूझते मुझसे ये विचार,
उनके सामने हो जाता मैं लाचार॥

सीधे सादे शब्द कब मारे पलटवार,
कठिन शब्दों का तो न आए उच्चार।
ह्रस्व दीर्घ की होती है बड़ी मारामार,
बिंदी और चंद्रमा बनते हैं छापामार॥

शब्दों से खेल के हो जाता अभिसार,
कभी कभार पड़ जाती शब्दों की मार।
शब्द न देखो सिर्फ देखो भाव आचार,
कवित्व फिर बने तुम्हारा मिलनसार॥

हिन्दी में घुसते हैं कभी अंग्रेजी यार,
उर्दू और फारसी की तो है भरमार।
चार शब्द जान के हो जाते होशियार,
ऐसे लोगों का गूगल से ज्यादा प्यार॥

कर नहीं रहा मैं किसी की तकरार,
मैं भी उसी में एक अदना-सा लाचार।
पकड़ के लाता शब्दों को सही साभार,
बस बचा लेता उनका होने को संहार॥

**मंदार गांगल "मानस"**
**(पता :- सांगली, महाराष्ट्र)**

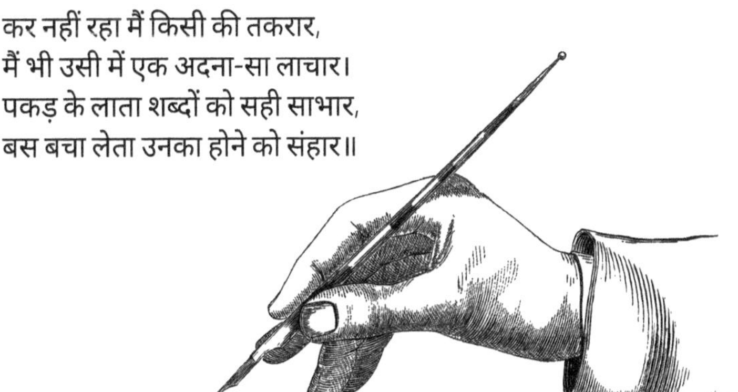

# साहित्य की चोरी

**मंदार गांगल "मानस"**
**(पता :- सांगली, महाराष्ट्र)**

दिल की चोरी हो या सामान की चोरी,
खाने में कचोरी हो या तली हुई पकौड़ी।
चोरी तो होती है चोरी पर क्या मजबूरी,
मजबूरी तो ऐसी की शब्दों की जंजीरी॥

चार शब्द इसके लिए चार शब्द उसके,
घुसेड़े दो शब्द जो हो न सके कभी अपने।
किसी मतलब से कुछ मतलब ही नहीं है,
बस अपने नाम की पर्ची छपवानी जो है॥

शातिर ऐसे लोग जो करते साहित्य चोरी,
दूसरों की प्रतिभा करते अपने नाम बोरी।
शर्म भी न आए ऐसे लोगों की सीनाजोरी,
जान न सका आज तक मैं उनकी मजबूरी॥

साहित्य है ऐसा एक अहसास जीवन का,
साहित्य है ऐसा एक सपना जीनेपन का।
साहित्य है ऐसा एक सुंदर तरल भावना का,
साहित्य है ऐसा एक रास्ता सही चुनने का॥

मनुष्य की प्रतिभा निखारता साहित्य है,
मनुष्य की प्रतिमा निहारता साहित्य है।
मनुष्य का जीवन संवारता साहित्य है,
मनुष्य को अंतिम सत्य बताता साहित्य है॥

करता हूँ मैं ऐसे लोगों से दिली ख्वाहिश,
न छीनो किसी की प्रतिभा जो नुमाईश।
करते हैं दिलों पे राज ऐसे परवर ईश,
वरना माफ़ नहीं करेगा कोई भी खुदाईश॥

# जब हम होंगे साठ साल के

मंदार गांगल "मानस"
(पता :- सांगली, महाराष्ट्र)

साठ की उम्र में क्या रक्खा है जनाब,
सरकारी हिसाब से बन जायेंगे खराब।
किसी काम के न रहेंगे हमारे हिसाब,
बातों ही बातों में उड़ा देंगे हम हिजाब॥

बढ़ती उम्र बना देती है हमें बेहिचक,
सुनने में तो किस्से हमारे होते रोचक।
कोई तो सुनने वाला बचे हमारी हिचक,
अपने ही काम में मगन सारे अरोचक॥

पड़ाव दूसरा जिंदगी का होता सुहाना,
पर इसे हमें पड़ता दिक्कत से निभाना।
जवानी की दुधारी तलवार पे था चलना,
आसान नहीं था साठ साल उम्र तक आना॥

कोई-कोई साथी साथ छोड़ चुका है होता,
बीपी शुगर की गोलियाँ कोई खा रहा होता।
कोई अपने तंदुरुस्ती की डींगें हाँक रहा होता,
मुलग्गा पोत के कोई सुंदर दिख रहा होता॥

सच्चाई जीवन की जानने से है सारे परे,
वृद्धावस्था संन्यास आश्रम की ओर ले चले।
क्यों ज़िन्दगी के सच को झुठलाते हम फिरे,
साठ हो चुके हैं अब नए जीवन साथ चले॥

# महान या शैतान

रावण था एक महान, जिसे वेदों का ज्ञान।
शस्त्र-अस्त्र में बलवान, पर था दुरभिमान॥

रावण था एक पंडित, जिसका ज्ञान अखंडित।
संगीत ज्ञान प्रचंडित, पर था मन में कुंठित॥

रावण था एक ज्ञानी, जिसने किसी की न मानी।
बहुत था अभिमानी, हार श्रीराम से होनी॥

रावण था एक ब्रह्मज्ञानी, बहु विद्याओं को जानी।
अहंकार में करे मनमानी, हार तो निश्चित थी होनी॥

रावण था एक दशाननी, दश दिशाओं का संज्ञानी।
गलत दिशा में बुद्धि ठानी, होनी थी जो हानि॥

रावण था एक महाबली, त्रिलोक में मचा दी खलबली।
मंदोदरी की बात टाली, राज्य हो गया खाली॥

मंदार गांगल "मानस"
(पता :- सांगली, महाराष्ट्र)

# मीठे बोल

मधु में डुबाए जनम भर करेला,
मीठा न हो जाएं कभी।

कड़वाहट से भरी ज़बान जिसकी,
मीठा न बोल पाएं कभी।

अकेला रहा जनम भर मानुष,
घुल न पाएं समाज में कभी।

मंदार गांगल "मानस"
(पता :- सांगली, महाराष्ट्र)

मीठे दो बोल जबान पे लाएं,
अपनाएं उसे समाज तभी।

काम करे दो मीठे शब्द जो,
कड़वाहट उसे बिखराए तभी।

बुनियाद रिश्तों की बनती हैं,
सभी से दो मीठे बोलों से कभी।

"मानस" कहे आज़माके के देखो,
मीठे बोल अपनों से कभी।

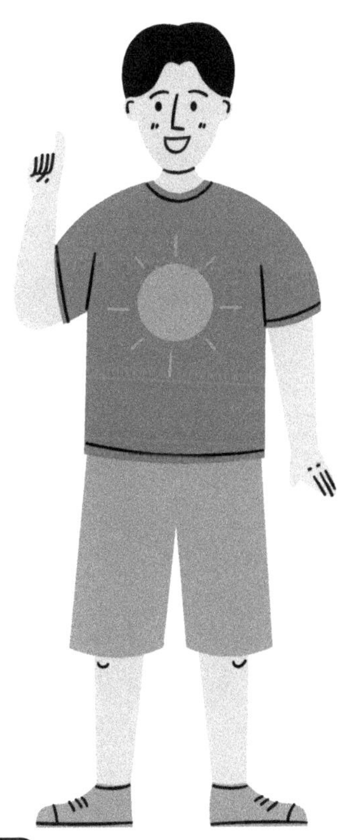

# चाहत

पहली दफ़ा देख, हम तुम्हारे हो गए,
इन आँखों के तुम तारे हो गए।

हमने जब तुम्हें, चांद कहा तो,
सितारे सारे खफ़ा हो गए।

बनाया जब तुम्हें, अपना तो,
सारे अपने बेगाने हो गए।

जब से जिन्दगी में आऐ हो तुम,
ग़म सारे तराने हो गए।

राधा- कृष्ण बन, मिले थे हम,
उसे तो अब जमाने हो गए।

**विनोद बी० राजपुरोहित**
**(पता :- ढालोप, पाली,**
**राजस्थान)**

# विडम्बना

डॉ० अमित भारद्वाज
(पता :- झज्जर, हरियाणा)

कितना बड़ा है
ब्रह्मांड
उसमें है एक
आकाशगंगा
जिसमें है
सौरमंडल
वहाँ चिपकी है
हमारी पृथ्वी
एक बिंदु की तरह
पृथ्वी पर
पाँच उपमहाद्वीप
उनमें से एक हमारा
महाद्वीप का एक देश
जिसमें रहते हैं हम
देश का एक राज्य
राज्य में जिला
जिले में नगर/गाँव
वहाँ एक मोहल्ला
मोहल्ले की एक गली
गली में घर
घर के कई सदस्य
उनमें से एक
मैं
कितना छोटा अस्तित्व मेरा
लेकिन
'मैं होने का अभिमान
ब्रह्मांड से भी बड़ा
कितनी बड़ी विडम्बना ।

# प्रेम गीत को जगाए रखना

जब चली प्रेम की पुरवाई,
घर-घर में खुशी मुस्कुराई।

रिश्तों के अंकुरण फूटने लगे,
छोटे-छोटे रोपें महकने लगे।

हर परिवार फलने-फूलने लगा,
बच्चे-बुजुर्गों के साथ मन झूमने लगा।

संस्कृति-संस्कार की बहार आई है,
प्रेम गीत की घटा छाई है।

प्रेम गीत के बादल इसी तरह फैलाए रखना!
देश और समाज के माहौल को खुशनुमा बनाए रखना!

गली-गली में प्यार के गीत गुनगुनाते रहना!
हर किसी में यह अलख जगाए रखना!

प्रेम गीत को जगाए रखना!
प्रेम गीत को जगाए रखना!

प्रीति चौरसिया गुप्ता
(पता :- भोपाल, मध्य प्रदेश)

# प्रेम गीत

मैं लिखूं प्रेम गीत तुम स्नेह मंजरी बन आना।
हे! मौसम के राजदूत तुम परिमल बन खिल जाना।

**अनुराधा अनंत**
**(पता :- भोपाल, मध्य प्रदेश)**

हरसिंगार जब झर जाएं
रातरानी लहके महके।
बेला जूही सुगंधित होवे
आम्र बौर कोयल चहके।
हे! मौसम के मधुमास
तुम बसंत बन घर आना।

रंग धनक के बिखरे आंगन।
चटकीले और सुहावन
ओस झरे जब पतों से
केतकी गीत करे पावन
हे! मौसम के मल्हार राग
तुम मिलन के गीत सुनाना।

हरे रंग की लिए ओढ़नी
खेतों में हरियाली छाई
पीली पीली आभा लेकर
भोली सरसों बौराई।
हे! मौसम के रंगरेज तुम
जग को श्याम रंग में रंग जाना।

जब मलय सुहानी गंध लिए
मन को हौले से महकाए।
कोई बीती रात
प्रेम कहानी कह जाए।
हे! मौसम के शगुन सुहावन
तुम गीत प्रीत के गा जाना।

# तुमसे ही

तुमसे से ही मेरी सुबह तुमसे ही शाम है,
तुमसे ही मेरी जिंदगी के सारे आयाम हैं।

यदि जिंदगी गुनगुनाए गीत प्यार के,
दो घड़ी का साथ हो
दो पल इंतजार के।
फिर तुम्हारे साथ को
कितने सलाम हैं ।
तुमसे से...

अनुराधा अनंत
(पता :- भोपाल, मध्य प्रदेश)

सुलझाओ ना जुल्फों के
उलझे हुए पेचोंखम
खुशबुएं भर जाएंगी पोरो में
पलकें हो जाएं नम।
तुम से ही "अनंत"
सारे उपनाम हैं।
तुमसे ही....

सुरमई से ख्वाब और
उदास रातों का सफ़र
रायगानी सी जिन्दगी
तुमसे ही सरंजाम हैं।
तुमसे ही मेरी सुबह तुमसे ही शाम है...

   

# गर्म चाय

भरा है, ख्वाहिशों से दामन
फिर
क्यों जेब खाली सी है?
हर रोज लिखता हूँ, मिटाता हूँ,
यूँ ही बेख्याली-सी है।

धुएँ में उड़ा दिया था,
चाहत को तेरी कब से,
दिले नादां न जाना
तेरी चाहत तो,
"गर्म चाय" की प्याली-सी है।
यूँ ही बेख्याली-सी है।

होता था रईसों में
कभी अपना भी जिक्र,
पर तू नहीं जो पास तो
बदहाली-सी है।

खाली हाथ जाना
और दौलत ए गुरूर
रौनकें जो देखीं
एक नज़र सवाली-सी है।

उड़ते परिंदे ये बंजारा मन।
बेसबब चाहतें, और अधूरापन।
कहकशों के पीछे की
जिंदगी रूदाली-सी है।
यूँ ही बेख्याली-सी है...

ये कहकहे, ये मस्तियाँ,

**अनुराधा अनंत**
**(पता :- भोपाल, मध्य प्रदेश)**

शरारतें ये मतवाला पन।
गुजरते हुए लम्हे और
इश्क का दीवानापन ।
गर्म चाय है, या झरना प्यार
का।
ज्यों जिंदगी मवाली-सी है।
यूँ ही बेख्याली-सी है...

संदली-सी खुशबुएँ,
मखमली से ख्वाब ।
पल वे ही जिंदा हैं,
जो तुम संग जी लिए
जनाब।
पी लिया और जी लिया
हर चाह को "अनंत",
जिंदगी गर्म चाय की
किसी प्याली-सी है।
यूँ ही बेख्याली-सी है...

# नया साल है नई सोच है

नया साल है ,नई सोच है,
मौसम में रवानी है।
नई भोर है, नई चमक है।
खुशियाँ नई सुहानी हैं।
चले आओ मेरे साथी
लिखनी कोई कहानी है ।

बड़ा जिद्दी है, जाहिल है,
मेरा मासूम-सा ये दिल।
तुम्हारे ख्वाबों में रहता है
जैसे चिराग कोई नूरानी है।
लिखनी कोई कहानी है...

मुट्ठी में बाँध ली है रात
चाँदनी बाँध ली चुनरी में।
छनकती रात भर पायल,
कि साँसें बाँध ली देहरी में।
जैसे डोर कोई अनजानी है।
लिखनी कोई कहानी है...

तुम्हारे साथ के लम्हें,
यूँ ही जूडे में बाँधे थे।
तुम्हारी साँस की खुशबू,
हम धड़कन में साधे थे।
प्रेम की सब रस्में निभानी हैं।
लिखनी कोई कहानी है...

बदलते साल में साथी,
कहानी भी बदल जाए।
आएँ प्रेम के बादल,

**अनुराधा अनंत**
**(पता :- भोपाल, मध्य प्रदेश)**

यूँ ही जम कर बरस जायें।
बात बस इतनी बतानी है।
लिखनी कोई कहानी है...

कैलेंडरों को चूम कर ,
दिसम्बरों को कर विदा।
बीत गया साल पुराना,
अलविदा अब अलविदा।
चलो दूर कहीं "अनंत"
ये दुनिया सरायफानी है।

लिखनी कोई कहानी है,
नया साल है, नई सोच है,
खुशियाँ नई सुहानी है।

# माँ का सपना

रात मुझे इक सपना आया,
सपने में मैंने शोर मचाया,
जब शोर मचा के थक गया,
सब कुछ करके अक गया,
मेरी माँ का मुझे दीदार हुआ,
कल रात तो एक चमत्कार हुआ,
मईया सपने में आई थी,
मुझे खूब मईया ने सुनाई थी,
मेरे सारे शिकवे दूर हुए,
चिंता मेरी सारी मिटाई थी,
मेरी माँ सपने में आई थी,
माँ ने मुझको समझाया,
मेरे दुख को भी अपनाया,
ये दुख तो आते-जाते हैं,
तू क्यूँ इस से घबराता है,
सुन के मैं ये शांत हुआ,
जब मईया का दीदार हुआ,
गुनाह क्या हुआ इंसान से,
जब पूछा मैंने मईया से,
सुनके अपने भक्त की पुकार,
थोड़ा-सा वो मुस्कुराई थी,
जग की हालत देख कर,
आँख तो उनकी भी भर आई थी,
आँख तो उनकी भी भर आई थी,
जब आँख भरी मेरी मईया की,
मुझको भी रोना आया था,
यह देख मेरे घर का,
कोना-कोना घबराया था,
कोना-कोना घबराया था,
जब आँख खुली तो पता चला,

**मनदीप सिंह**
**(पता :- पंचकूला, हरियाणा)**

तुझ संग मैंने अपने को पाया था,
कल की तो मैं क्या बतलाऊँ,
मेरी मईया का सपना आया था,
मेरी मईया का सपना आया था।

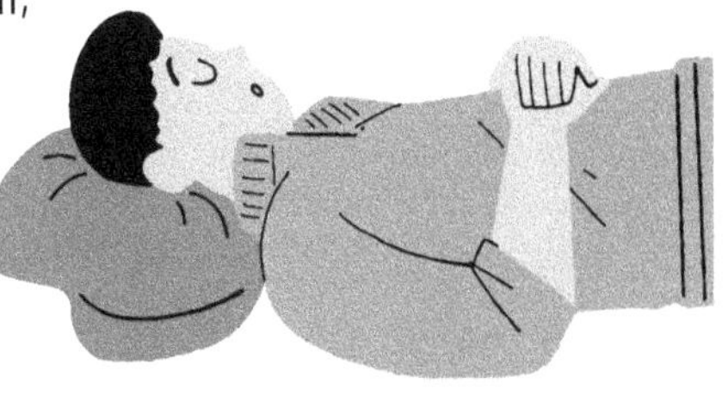

# मदिरा

हाय! मदिरा, हाय! मदिरा,
रोज-रोज सताये मदिरा,
जो पिए वो पछताए,
जो न पिए वो सुख पाये मदिरा,
हाय! मदिरा, हाय! मदिरा।
चिंतित व्यक्ति रोज पिए,
पीते ही चिंता मिटाए मदिरा,
हाय! मदिरा, हाय! मदिरा।
सुख में मदिरा साथ निभाए,
दुख भी इसको हाथ थमाये,
कोई पिए छुप के तो,
कोई सरेआम मदिरा,
हाय! मदिरा, हाय! मदिरा।
मदिरा बुरी चीज़ है,
आओ! इसे खत्म करें,
आधी बोतल तुम करो,
आधी बोतल हम करें।

**मनदीप सिंह**
**(पता :- पंचकूला, हरियाणा)**

# मेरे बचपन की होली

वो बचपन में खेली गई होली,
मुझे आज भी बहुत याद आती है।

वो पानी में खेलना, वो नाली में बहना,
वो दोस्तों का प्यार, वो बड़े-बड़े परिवार,
गाय के दूध की वो सीधी मुँह में लगती धार,
भला कहाँ भुलाई जाती हैं?
बचपन में खेली गई होली,
मुझे आज भी बहुत याद आती है,
मुझे आज भी बहुत याद आती है।

**मनदीप सिंह**
**(पता :- पंचकूला, हरियाणा)**

मेरे गाँव की वो गलियाँ,
गलियों में होली की रंग-रलियाँ,
वो दोस्तों का साथ, वो महकती कलियाँ,
वो घर-घर बनती गुजिया,
वो रंग भरे गुब्बारे,
किस किस को हमने नहीं मारे,
वो रंग भरी पिचकारी, जो थी सबसे न्यारी,
इतने हसीन गल बिताए हैं बचपन में,
उसकी याद भला कहाँ भुलाई जाती है ?
बचपन में खेली गई होली,
मुझे आज भी बहुत याद आती है,
मुझे आज भी बहुत याद आती है ।।

# नया साल

मनदीप सिंह
(पता :- पंचकूला, हरियाणा)

कदम से कदम मिलाता जा,
नया साल मनाता जा।

कुछ बदलने की खातिर,
हर साल मैं यूँ ही आता हूँ,
सब कुछ तो मैं बदल नहीं सकता,
पर कुछ तो बदलाव मैं लाता हूँ।

बैठ आराम से तू घर अपने,
बस जाम से जाम मिलाता जा,
हर बार की तरह इस बार भी,
तू नया साल मनाता जा।

दुनिया की खातिर तू अपने में,
कुछ तो बदलाव लाता जा,
कदम से कदम मिलाता जा,
तू नया साल मनाता जा।

कुछ बुरी आदतों को तू,
हर बार यूँ ही भुलाता जा,
और अपने अंदर के शैतान को तू,
यूँ ही बाहर भागता जा।

ठंड के इस मौसम में,
तू यूँ ही आग जलाता जा,
दिल अपना बहकाता जा,
कदम से कदम मिलाता जा,
और नया साल मनाता जा।।

# तेरी बिंदिया रे

तेरी बिंदिया रे....
दिल घायल कर जाए !

तेरी पायल शोर मचाए,
तेरी झुमका मुझे रिझाए,
तेरी लाली जी ललचाए,
तेरी सुरमा तीर चलाए,
तेरी नथिया चमका जाए,
तेरी बिंदिया रे....
दिल घायल कर जाए !

मेरा जिया ये तड़पाए,
अपने पास मुझे बुलाए,
तेरी यादें मुझे सताए,
तेरे बिना रहा नहीं जाए,
तेरी मुस्कान मन को भाए,
तेरी बिंदिया रे....
दिल घायल कर जाए !

स्व० प्रेमशीला विजय प्रताप
कुशवाहा "संगम"
(पता :- कुशीनगर, उत्तर प्रदेश)

# तेरे बिना कुछ भी नहीं

**तुलसीराम "राजस्थानी"**
**(पता :- नावां सिटी, राजस्थान)**

जीवन में,
जिनके आने से,
जिन्दगी में ,
बहार आई।
जिनकी बदौलत,
मेरी गृहस्थी में,
हर प्रकार से,
खुशहाली छाई।
जिन्दगी के,
कठिन सफर में,
जिसने,
थामे रखा हाथ मेरा।
जिसकी वजह से,
मैंने,
कंटीले मार्ग में भी,
कुछ अलग राह बनाई।
कैसे भूल जाऊँ,
उनकी मेहरबानियाँ,
जिनकी बदौलत,
मैंने,
इस जगत में,
अपनी,
अलग पहचान बनाई।
ऐ मेरे हमराही !
जन्मदिवस की,
तुमको,
हृदयतल से बधाई !
तू है तो ही,
मेरे जीवन में बहार है।
तेरे बिना ऐ प्रिये !
भला ये संसार भी कोई संसार है?

# नई शुरुआत

तीन सौ पैंसठ हैं चाँदनी और उतने ही सवेरे।
फिर क्यूं तेरे मन पर, लाखों के पहरे॥
आइने की हकीकत, तो आइना भी ना जाने।
तो फिर तू कैसे, अपनी बात पहचाने॥
तू खूद की आवाज सुन तो सही।
किसी को अपना मान तो सही॥
माना ये समाज थोड़ा बुरा है,
पर तू अपने लिए लड़ तो सही॥
तू तारो की भीड़ में ध्रुव तारा-सी बसी,
तो फिर तू क्यूं खुद ही की उलझन में फंसी॥
तेरे अधरों पर चुप्पी बसी रहती है नित।
तू कर वही जो कहता है चित॥
तू रंगो से बेरंग क्यूं रहती है
सफेदगी का जुल्म क्यूं सहती है
विधवा होना तेरी पहचान तो नहीं
प्रिय का जाना तेरा अन्त तो नही॥
तू जग में सूरज सी चमक
बादलो में बिजली सी खडक॥

**किरण कंवर**
**(पता :- पाली, राजस्थान)**

# खुद की खोज

किरण कंवर
**(पता :- पाली, राजस्थान)**

तू खोज खुद को खुद में,
खो गयी कहाँ इस जग में ॥
लक्ष्य को तू साध ले,
कसकर कमर बांध ले ।
चलकर अपनी राह बना,
एक बार तो तकदीर लगा,
तू क्यूं डरी सहमी-सी है ?
तू क्यूं खुद में बिखरी-सी है ?
तुझे ना कोई रोक सकेगा,
तेरी बाधा न बन सकेगा,
तू छोड़ बन्धनों को, आगे बढ
लक्ष्मी-सी तलवार धर,
तुझसा ना इस जग में बना,
तूने ही तो विश्व रचा,
तू तो नर का आधार है,
तू ही जगत का सार है,
तू लक्ष्य ले आगे बढ़,
तू इस जग में निखर,
इस जग में वो साहस कहाँ ?
जो पर तेरे बाँध सकेगा ?
तुझे आगे बढ़ने से,
भला कौन रोक सकेगा ?

# हसरत

तेरा दिख जाना और तेरा
मिल के बात कर जाना,
खुदा कसम हमें सुकून दे गया,
तेरा ये सब कर जाना,
आस थी दिल में कहीं ना कहीं,
कि पूरी होगी हसरत हमारी,
आकर तूने पूरी कर दी,
जो थी हसरत सारी की सारी,
पिछले कई रोज से न जाने,
क्यूं चिन्ता और फिकर थी तुम्हारी,
करें इक गुजारिश हम तुमसे,
अगर बात मानो हमारी,
बस इसी तरह दिख जाया करो,
बेशक पल भर के लिए ही,
मिल के बात कर जाया करो
खुश रहें तुम हमेशा,
खुदा से यही तो
हर पल दुआ हैं हमारी...

**डॉ० विजय कुमार**
**(पता :- मोरनी हिल्स, हरियाणा)**

# दर्द कैसे छुपाऊँ

सीने में दबे दर्द को किस-किस से छुपाऊँ,

ए खुदा, ए खुदा जिसको ये दर्द सुना पाऊँ,

ऐसे अपनों को कहाँ से लाऊँ,

अब ना ये दर्द सह पाऊँ

और ना किसी को कह पाऊँ,

ए रबा अब तू ही बता ऐसा क्या कर जाऊँ,

जो इस दर्द से निजात मैं पाऊँ,

सीने में दबे दर्द को किस-किस से छुपाऊँ,

दवा भी ले ली, पर कोई आराम ना महसूस कर पाऊँ,

किसी ने कहा अब दुआ ही सहारा है तेरा,

पर जो हुआ करे, हम बुरे के लिए,

ऐसा इन्सान कहाँ से लाऊँ,

अक्सर तन्हाई में ये सब सोच खुद के आँसुओं को रोक ना पाऊँ,

जो सहारा दे हमें ऐसा कंधा कहाँ से लाऊँ,

सीने में दबे दर्द को किस-किस से छुपाऊँ !!

डॉ० विजय कुमार
(पता :- मोरनी हिल्स, हरियाणा)

# कैसे भूलाऊँ

भूलाएं कैसे तुझे ये भी बता दिया होता,
हमें छोड़ जाने से पहले, एक बार...
गले तो लगा लिया होता,
ताकि पूरी हो जाती हसरत दिल की हमारी,
काश ! मरने से पहले तूने एक बार हमें
छू तो लिया होता,
अगर दूर जाना ही था हमसे तो दूर
जाने से पहले हमें थोड़ा-सा जहर पिला दिया होता,
फिर ना हमें मर-मर के जीना पड़ता,
फिर ना हमें आपके बिन तड़पना पड़ता,
बस आँखों में ख्वाब लिए आपके,
मौत के आगोश में हमेशा-हमेशा के लिए सो गया होता !

**डॉ० विजय कुमार**
**(पता :- मोरनी हिल्स,**
**हरियाणा)**

# रुसवाई

तू यूं ना मुझे, रुसवा किया कर,

तू यूं ना मुझे, रुसवा किया कर,

जानते हैं तूने माना नहीं अपना,

पर तू इस बात को सरे बाज़ार बयां ना किया कर,

दु:ख होता है, ओरों के मुँह से ये बातें सुनकर,

पर तुम्हें क्या, तुम तो बैठे हो अपने कानों को मूंदकर,

मुझे तो लगा, खुदा ने भेजा है,

तुझे मेरे लिए चुनकर,

तभी तो हर सुबह उठती है,

तेरे लिए अनगिनत सपने बनकर,

पर मेरा सारा भ्रम टूट जाता है,

जब सुनता हूँ लोगों की बातें रास्ते से गुज़र कर,

तू यूं ना मुझे, रुसवा किया कर...।।

**डॉ० विजय कुमार**
**(पता :- मोरनी हिल्स,**
**हरियाणा)**

# भूल ना पाऊँ

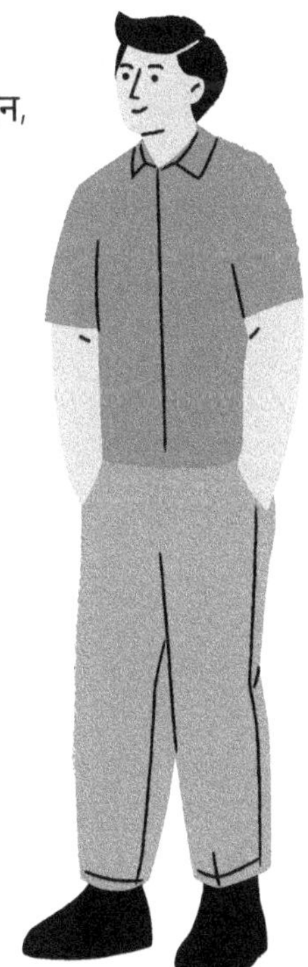

**डॉ० विजय कुमार**
**(पता :- मोरनी हिल्स, हरियाणा)**

भूल से भी तुझको भूल ना पाऊँ,

तू ही तो है इक, जिसे खूब जी से पहले,

हर दिन याद कर जाऊँ,

अफसोस है इस बात का, भूल गया मुझे तू क्यूं,

भूल गया मुझे तू क्यूं,

जो तू भी याद करे मुझे,

ऐसा क्या कर जाऊँ,

याद है आज भी तेरी हर बात, तेरी हर अदा,

ऐसी क्या हुई हम बुरे से खता,

जो हो तुम खफा-खफा

बड़ी शिद्दत से निभाया रिश्ता और की वफा,

फिर क्यूं दे दिया ताना कि हम हैं बेवफा

ऐसा कोई लम्हा नहीं, ऐसा कोई पल नहीं,

जिसमें तेरी सोच ना हो, ना सोचूँ तेरे बारे में जिस दिन,

तो ऐसा लगता है, मानो हम कहीं इक लाश ना हो,

भूल से भी तुझको भूल ना पाऊँ ।।

# एहसास

देखता हूँ जब भी तुझे,
तो अपनेपन का एहसास -सा होता है,
इस वक्त तू दूर है बेशक मुझसे,
पर हर-पल तेरा मुझे खुद के पास
होने का एहसास- सा होता है,
जब तुम होते हो करीब,
तो जी चाहता हैं कि तुम्हें
दिल का हाल सुना दूं सारा,
पर उस वक्त जुबां साथ नहीं देती
बिल्कुल भी हमारा,
जुबां काँपने लग जाती है,
और हाथ थर-थर्राने लग जाते हैं,
जब हम खुद को तुम्हारे सामने पाते हैं,
उस वक्त कुछ समझ नहीं पाता हूँ,
चाहकर भी तुम्हारे सामने,
दिल का हाल बोल नहीं पाता हूँ...।।

**डॉ० विजय कुमार**
**(पता :- मोरनी हिल्स, हरियाणा)**

# भोर हुई बड़ी अलबेली

सूरज की पहली किरण उजाला लाई,
दिलरुबा मोहब्बत का पैगाम ले आई।
प्यार व मोहब्बत का इजहार कर गयी,
मन में तमन्नाएँ, उमंगें भर गयी।
पक्षियों के कलरव से गगन गूँज रहा था,
फूलों के सौरभ से एक दूजे की,
महफ़िलें महक रही थीं।
न किसी की फ़िक्र, न दुनिया का झमेला,
प्रभात किरण का उजाला,
दिलदारों का सतरंगी जाला।
प्यार की खुमार से नशीला,
भोर हुआ बड़ा अलबेला।
मन हुआ बड़ा छैल-छबीला ,
एक दूजे हो रहे थे सब से बढ़कर आले।
सब के सब निकले बड़े अलबेले,
भोर हुआ बड़ा अलबेला।
इक शाम हुई अलबेलों की बड़ी मस्तानी,
भोर हुई बड़ी अलबेली,
हसीनों की चमक चमेली,
मन को हर दी बड़ी चुलबुली।
अब अलबेले हुए बड़े निराले।

**समीउल्लाह खान**
**(पता :- खम्मम, तेलंगाना)**

# हार की जीत

मन के हारे हार गए, मन के जीते जीत गए।
ज़िन्दगी के सिक्के के दो पहलू हैं,
हार और जीत।
ज़िन्दगी में आने वाले झमेलों से डरो मत,
डर के बाद जीत है।
कभी हार नहीं होती है कोशिश करने वालों की,
मेहनत ही सफलता की कुंजी है।
ज़िन्दगी में कभी हारने से हिम्मत न हारना,
निराश न होना।
पुनः प्रयास करें कि कभी हार में जीत छुपी हुई होती है।

समीउल्लाह खान
(पता :- खम्मम, तेलंगाना)

पंख ही काफी नहीं आसमान को छूने के लिए,
हौसले भी ऊँचे होना उड़ान भरने के लिए।
हार जीत आपकी सोच पर निर्भर करती है,
कि मान लो तो हार होगी, ठान लो तो जीत होगी।
मन के हारे हार गए, मन के जीते जीत गए।
क्योंकि कभी कभी हार में भी जीत छिपी होती है।

ज़िन्दगी को जिन्दादिली से जिया करो साहब !
ज़िन्दगी को समझना उतना आसान नहीं है साहब !
ज़िन्दगी को जीतने के हौसले रखो मन में,
पंचेंद्रियों पर काबू पाया करो,
जिम्मेदारी को बखूबी निभाया करो,
निडरता से आगे बढ़ते जाओ,
ज़िन्दगी को जिन्दादिली से जीता करो।
क्योंकि कभी कभी हार में भी जीत छिपी हुई होती है साहब !

# शीशे के सामने भविष्य दिखता है

**समीउल्लाह खान**
**(पता :- खम्मम, तेलंगाना)**

तुझ से मेरा यह कैसा लगाव है,
ओ मेरी प्रिय सखी रे !
जब तक तू आएगी नहीं तब तक,
मेरा मन चैन पाएगा कैसे ?
जब तक तू मेरे साथ जिंदगी बिताई थी,
तब तक मुझे कोई शीशा देखने की,
आवश्यकता नहीं पड़ी !
ओ मेरी प्रिय सखी रे !
तुझसे यह मेरा कैसा लगाव है,
जरा बतला तो दे ओ मेरी सजनी !
तेरे बिना मेरा मन पाएगा चैन कैसे?
ओ मेरे दिल की साम्राज़ी !
तुझ जैसे शीशे के सामने मेरा,
भविष्य दिखता है ओ मेरी जाने वफा !
तेरा मेरा जिंदगी भर का अटूट रिश्ता था,
मगर खुदा ने अपने रिश्ते को,
अधूरा कर तुझे बुला लिया।
जब किसी का जाने का वक्त आ गया,
तो उसे कौन रोक सकता,
न टाल सकता!
आज हम यहाँ हैं तो कल कहाँ,
कौन जाने सिवाय खुदा के !
तेरे रुख़सत होने पर मेरी उम्मीदें,
आशाएं, तमन्नाएं, हसरतें, मिन्नतें,
मेरे अटूट सपने और ख्वाहिशें,
अधूरी ही रह गयी हैं ओ मेरे दिल की रानी !
सच में शीशे के सामने मेरा,
भविष्य दिखता है ओ मेरी जाने वफा!
सच में तू मेरी ज़िन्दगी का शीशा है।
मैं अपनी ज़िन्दगी के भविष्य के लिए,

तुझ जैसे किस शीशे को निहारूँ!
ओ मेरी प्रिय सखी रे!
अब तेरे बिना मैं किसको निहारूँ,
मेरे सुनहरे भविष्य के लिए ओ जानेमन!

# प्यार

प्यार को प्यार ही रहने दो,
तिज़ारत मत इसे बना देना।
समझना इसको एक इबादत,
बगावत मत इसे बना देना।

**देवेन्द्र कुमार 'देव'**
(पता :- झज्जर, हरियाणा)

इसको रखना याद बना के,
नश्तर मत इसे बना देना।
यह फूलों जैसा नाज़ुक है,
पत्थर मत इसे बना देना।

एक ख्वाब बना लेना इसको,
इसको मत चुभन बना देना।
ये चीज हिमालय सी शीतल,
इसको मत अगन बना देना।

इसको रखना दिल में सहेज,
इसको मत चूर बना देना।
इसको सरहद में ही रखना,
इसे दस्तूर मत बना देना।

ये चीज खुदा सी पाकीज़ा,
इसको मत धूल बना देना।
इसको 'देव' रखना संभाल के,
इसको मत भूल बना देना।

# मेरी कविता में आती हो

तुम बार-बार मेरी कविता में आती हो,

शब्द बनकर, रूप बनकर, चित्र बनकर, ध्वनि बनकर,

आती हो तुम हर बार मेरी कविता में।

कभी खुशबू बनकर, कभी रंग बनकर, कभी रोशनी बनकर,

प्रकट होती हो मेरी कविता में बार-बार।

हर बार अपनी कविता में मैं देखता हूं तुम्हारा ही स्वपन।

आकाश देखता है चंद्रमा का स्वपन,

जगदीश देखता है पुष्प पूर्वी दिवाकर का स्वपन,

तुम बार-बार आती हो मेरी कविता में।

नए-नए रूपों में नए-नए प्रतीको में,

बार-बार आती हो मेरी कविता में।

तुम्हारा ही रुप, तुम्हारी ही छवि,

बार-बार आती हो मेरी कविता में।

कभी पुष्प बनकर, कभी फूल बनकर,

बार-बार आती हो मेरी कविता में।

**जगदीश प्रसाद गबेल**
**(पता :- शक्ति, छत्तीसगढ़)**

कभी पुष्प बनकर, कभी जीवन बनकर, कभी संगनी बनकर,

आकाश देखता है चंद्रमा का स्वपन।

जगदीश देखता है पुष्प का स्वपन।

धरती बीज का और नदी जल का स्वपन,

सारंग परिवार देखता है पुष्प का स्वपन।

तुम बार-बार आती हो मेरी कविता में पुष्प बनकर।

तुम बार-बार आती हो मेरी कविता में पुष्प बनकर।।

# सोचा न था

हमने कभी सोचा न था,
कि राहों में काँटे इतने आएँगे।
संभल-संभल कर चलने पर भी,
हम संभल न पाएँगे।।

हमने कभी सोचा न था,
कोई रातों की नींद उड़ा देगा।
सारी रात जागते-जागते,
फिर अगला दिन हो जाएगा।।

हमने कभी सोचा न था,
इस जहां में भटकते-भटकते।
हम गुमराह हो जाएँगे,
मंजिल की तलाश करते-करते।।

हमने कभी सोचा न था,
दिल में यादें बस जाएँगी।
इन्हीं यादों को याद करके,
सारी जिन्दगी कट जाएगी।।

हमने कभी सोचा न था,
हलचल-सी जीवन में हो जाएगी।
पल भर के लिए यह हलचल,
वहीं आकर थम जाएगी।

**रेनू सिंह**
(पता :- रुद्रपुर, उत्तराखंड)

# दरियादिल

जाने कैसे टूट बिखर जाते हैं जमाने में लोग।
यारा हम तो लहर हैं समंदर से लौट जाते हैं ।।

शहर खामोश हो जाते हैं तूफानों के शोर से।
मगर बंद कमरों में तो दिये जलाए ही जाते हैं ।।

ये जमाना भी देखेगा पलट कदमों के निशां मेरे ।
चलो हम जाते -जाते छाप अपनी छोड़ जाते हैं ।।

एक दिन टूटना तय ये सारे उलझनों की लड़ियाँ ।
हो हौसले अगर बुलंद तो ये बिखर ही जाते हैं ।।

डरता कौन है अब कहो मुश्किलों के दौर से ।
हलाहल पी कर ही तो लोग 'शिव' हो जाते हैं ।।

**शिवनन्दन सिंह**
**(पता :- जमशेदपुर,**
**झारखंड)**

# छठ पूजा

छठ पूजा की धूम है, बजते चहुँ दिश ढोल।
हर्षित नर-नारी सभी, भाव भरें अनमोल॥

पावन कार्तिक मास में, आता यह शुभ पर्व।
शुक्ल पक्ष षष्ठी दिवस, बढ़ता मैया गर्व॥

मातु अदिति की लाडली, कश्यप इनके तात।
छठ मैया को पूजिए, बनती बिगड़ी बात॥

**बबीता माँधणा**
**(पता :- कोलकाता,**
**पश्चिम बंगाल)**

कार्तिकेय के वाम में, माता शोभित देख।
अद्भुत छवि है देखिए, खींचे पावन रेख॥

सूर्य देव की हैं बहन, ओज भाव से युक्त।
चार दिनों तक पूजते, रोग दुःख से मुक्त॥

सज जाते हैं घाट सब, न्यारी माँ की शक्ति।
आस्था आशा से भरें, कर ले मन से भक्ति॥

पूड़ी गुझिया ठेकुआ, बने विविध पकवान।
बच्चे बूढ़े झूमते, पर्व बढ़ाता शान॥

व्रत करें माँ मान्यता, दीर्घ उम्र संतान।
केला गन्ना भी चढ़े, संग सुपारी पान॥

अर्घ्य सूर्य को दें सभी, ऊर्जा पाते लोग।
छटा निराली है लगे, दूर करें सब रोग॥

उत्सव लाते साथ में, शाश्वत खुशी उमंग।
छोड़ बुराई दीजिए, इनको पावन रंग॥

# फिर एक साथ चलते हैं

आओ! फिर एक साथ चलते हैं,
थोड़े शिकवे, थोड़ी शिकायत करते हैं।
आओ! फिर एक साथ चलते हैं॥

**डॉ० संजय सिंह 'स्वप्निल'**
**(पता :- श्रीनिवासपुरी, नई दिल्ली)**

क्या हुआ जो हम एक-दूजे से रूठे?
क्या हुआ जो मन-ही-मन से टूटे?
इस टूटे मन को फिर से मिलाते हैं,
बनावट से दूर सच से सजाते हैं।
हाथों में हाथ लेकर बढ़ते हैं,
आओ! फिर एक साथ चलते हैं॥

खोकर, अब तुमको जाना है,
प्रेम-पथ पर चल तुमको पाना है।
मन के पखेरू को बस तेरा ठिकाना है,
दूर उड़ते पंछी को फिर जहाज पर आना है।
फिर से एक-दूजे के मन-मंदिर में बसते हैं।
आओ! फिर एक साथ चलते हैं॥

तेरे बिन बहुत उदास हूँ मैं,
मालूम है तेरा अभी-भी खास हूँ मैं।
याद आती है तेरी वो मीठी बातें,
रूठना मनाना तन्हाई भरी रातें।
सब भूला निश्चल नव जीवन भरते हैं।
आओ! फिर एक साथ चलते हैं॥

# मैं अभी जिन्दा हूँ

मैं अब तक मरा नहीं, अभी मैं जिन्दा हूँ।
जो छूट गया वो छूट गया,
फिर भी उनके एहसासों में मैं जिन्दा हूँ।
मैं अब तक मरा नहीं, अभी भी मैं जिन्दा हूँ।
कुछ की नफ़रत ही सही,
फिर भी उनकी यादों और बातों में मैं जिन्दा हूँ।
क्या हुआ जो साथ छूट गया,
फिर भी उनकी बीती मुलाकातों में मैं जिन्दा हूँ।
मै अभी भी मरा नहीं, मैं कुछ की मुस्कुराहटों में जिन्दा हूँ।
अब उनके साथ नहीं, फिर भी उनकी बीती रातों में ही जिन्दा हूँ।
बैठे थे जब साथ मिलकर, उसी बैठक की शामों में मैं जिन्दा हूँ।
मैं अब तक मरा नहीं, अभी भी मैं जिन्दा हूँ।
तुमने जब कहा कि जब तक हैं साथ रहेंगे,
तो उनके झूठे वादों में जिन्दा हूँ।
जो शाम गुज़री मयखानों में,
वहाँ बिखरी जामों की बूँदों में जिन्दा हूँ।
मैं अब तक मरा नहीं, अभी भी मैं जिन्दा हूँ।
जो साथ हैं और रहेंगे, उनकी हर बज़्म में,
उनके साथ बहती हर बयार में जिन्दा हूँ।
जो मिले नहीं अब तक, उनके इंतजार में,
उनके मिलने की हर आश में मैं जिन्दा हूँ।
जो निभा लिए किरदार, उस हर किरदार के निभाए,
हर रंगमंच की रोशनी में मैं जिन्दा हूँ।
मै अब तक मरा नहीं,
यारों की यारी और दुश्मनों की गद्दारी में मैं जिन्दा हूँ।
तो कुछ की मुहब्बत भरी नज़रों की नज़र में मैं जिन्दा हूँ।
के अब तक मैं मरा नहीं, हर किसी न किसी बातों,
मुलाकातों और एहसासों में मैं जिन्दा हूँ।
इसीलिए अब तक मरा नहीं,
आज की हर सुबह शाम में मैं जिन्दा हूँ।

पूर्णिमा सिंह
(पता :- नागपुर, महाराष्ट्र)

# मुमकिन तो नहीं

हर बज़्म में हर कोई शामिल हो मुमकिन तो नहीं,
कोई कोई शामिल होकर भी तन्हा-सा ही रहता है।
हर बात पर कोई बात हो जरूरी तो नहीं,
कोई-कोई ख़ामोश रहकर भी सब कुछ कहता है।
के बज़्म का दौर जारी हो,
और हम खुद से कुछ कहें तो मज़ा कुछ और ही होता है।
कोई गर सोचे कि हम पर कोई फ़र्क पड़ता है,
तो नादान है वो, खुद से मिलके भी कोई खफ़ा होता है।
कुछ ख़याल अपने तक ही रहे तो अच्छा है,
महफ़िल तक गर पहुंच जाए तो ....
कमबख्त बेवजह बवाल खड़ा होता है।
हर शख़्स ये निगाहें पढ़ले इतनी कुबत सबमें तो नहीं,
कोई जज़्बात पढ़ ले औ समझ ले ....
ये हुनर किसी-किसी में ही होता है।
बज़्म में खुद को तन्हा रखकर साबित करते हैं,
सबमें हम मिल जाएं, ये नसीब सबका कहां होता है।
हर बज़्म में हर कोई शामिल हो मुमकिन तो नहीं,
कोई कोई शामिल होकर भी तन्हा-सा ही रहता है।

**पूर्णिमा सिंह**
**(पता :- नागपुर, महाराष्ट्र)**

# अंजान

अंजान राहों में,
अंजान इंसान से,
दो बातें क्या हो गयी,
घर आके पता चला,
मैं कहीं खो गयी ।
कब किस मोड़ पर ?
न जाने कौन मिल जाए ?
बातों ही बातों में,
दिल चुरा ले जाए,
ऐसा क्या है कि कोई,
इस कदर भाने लगता है,
अपने जान से भी बढ़कर,
चाहने लगता है।।
नींद उड़ जाती है,
ख्वाबों में आने लगता है,
हर लम्हा उसी की यादें,
इस दिल में बसती हैं,
कब वो अंजान,
अपना बन जाए,
न खुद को खबर होती है,
न दिल को पता होता है।।।
मिलने को दिल तड़पे,
बातें करने के लिए मन तड़पे,
मिल न सके तो,
यादों के सहारे दिन गुजरे,
यादों में कभी हँसाए तो,
यादों में कभी रुलाए,
यादें ही तड़पाए तो,
यादें ही समझाए,
मिलना मुनासिब न हो तो,
बस रह जाती है,
यादें यादें यादें...।।

कंचनलता मनहर
(पता :- पथरिया, मुंगेली, छ.ग.)

# नारी तू महान है

नारी तू महान है।
नारी तू महान है॥
मातृ रूप ममता की मूरत,
महिमा अपरंपार है।
नारी तू महान है॥
जग को जनती बनकर जननी,
करती नवजीवन संधान है।
सृजनी है तू इस जगत की,
तुझसे ही यह जहान है॥
नारी तू महान है॥
पुत्री रूपेण शान पिता की,
गृह लक्ष्मी पीहर की मान है।
दो घरों को जोड़ने वाली,
विधि का अद्भुत विधान है॥
नारी तू महान है॥
रिश्ते-नाते की डोरी का,
तुमसे ही पहचान है।
महक बिखेरती अपनेपन की,
तू ममता की खदान है॥
नारी तू महान है॥
सींचती नव संस्कारों को,
तू हर घर की स्वाभिमान है।
तूझसे ही खुशियाँ खिलतीं,
घर बनता स्वर्ग समान है॥
नारी तू महान है॥
उर का अमृत सींच कर अपना,
दिया जीवन वरदान है।
गंगा, जमुना, सरस्वती बन,
करती जीवन कल्याण है॥
नारी तू महान है॥

**वेद प्रकाश दिवाकर**
**(पता :- पासीद, सक्ती,**
**छत्तीसगढ़)**

ममता का सागर भी तू ही,
तेरा चंडिका भी नाम है।
धीरता की मूरत भी तू ही,
तू ही चारों धाम है॥
नारी तू महान है॥
बनकर परी माता-पिता का,
छू लेती आसमान है।
हिमा, सिन्धु, किरण, कल्पना,
देश का अभिमान है॥
नारी तू महान है॥
दुर्गा काली खप्पर वाली,
तू ही प्रचंड शक्तिमान है।
तेरे ही आँचल तले,
पलता यह जहान है॥
नारी तू महान है॥
सांसों की सरगम में तू ही,
जन्नत की तू ही शान है।
छू ले आसमान आज तू,
अब तेरा ही वर्तमान है॥
नारी तू महान है॥

# महाकुम्भ

**विशाल जैन 'पवा'**
**(पता :- तालबेहट, उत्तर प्रदेश)**

मंथन करें समुद्र का, अनुपम देव व दैत्य।
अमृत कलश ले भागते, बूँद गिरे बन चैत्य॥
हरिद्वार उज्जैन से, पहुँचे प्रयागराज।
नासिक वसुधा धन्य हो, कुम्भ उठे आवाज॥
ढलते सूरज की छटा, संगम पसरी रेत।
दीप्त अरुणिमा में खिले, चहुँ दिशि देखो खेत॥
लम्बे पथ पर सब चले, बच्चे वृद्ध जवान।
डुबकी को व्याकुल दिखे, निर्धन या धनवान॥
सन्यासी जीवन जिया, विविध रूप में वेश।
पावन भू तप-त्याग की, संयत भारत देश॥
अर्द्ध कुम्भ छह वर्ष में, मधुरम प्रयागराज।
हरिद्वार के संग में, राम नाम को साज॥
बीते बारह वर्ष जो, देखें कुम्भ उमंग।
तीर्थराज जग शोभते, बजते शंख मृदंग॥
पूर्ण कुम्भ जिसको कहें, सोहे प्रयागराज।
भक्ति करें श्रद्धान से, धर्म सनातन नाज॥
पूर्ण कुम्भ बारह हुए, महाकुम्भ वरदान।
गंगा करे पवित्र है, प्रमुख पर्व अभिमान॥
पौराणिक सुनते कथा, सुर-दानव संघर्ष।
नित्य अखाड़े धर्ममय, संत समागम हर्ष॥
पौष माह की पूर्णिमा, कल्पवास आरम्भ।
भरते शाही स्नान से, कर्म नष्ट का दम्भ॥
प्रथम मकर संक्रांति है, करते तिल का दान।
मौन अमावस्या भली, दूजा पर्व महान॥
ऋतु बसंत की पंचमी, नमन शारदे संग।
प्रकृति करे उपकार है, स्नान पर्व का अंग॥
माघ मास की पूर्णिमा, कल्पवास का अंत।
भक्त प्रतिज्ञा मुक्त हो, ले विद्या शास्त्र महंत॥
ईश मिला आशीष है, पाप-पुण्य का बोध।
साधु करें नित साधना, धर्म-मार्ग में शोध॥
महादेव शिवरात्रि को, नृत्य करें जन तूर्ण।
बम-बम भोले रंग में, महाकुम्भ हो पूर्ण॥

# सबसे प्यारी मेरी हिन्दी

**राजेश अग्रवाल**
**(पता :- तंज़ानिया, अफ्रीका)**

भक्ति काल में प्रेम की धुन,
रामायण, कृष्ण की कहानियों में सुन।
संतों ने गाए गीत, मोहे सबका मन ,
दिया हिंदी भाषा को नव जीवन।

रीति काल में शृंगार का रंग,
काव्य में बंदी हुई प्रकृति के अंग ।
शब्दों की मिठास, भावों की गहराई,
हिन्दी साहित्य के रोम रोम में समाई ।

वीरगाथा काल में वीरों के गीत,
देशभक्ति की ज्वाला, युद्ध के कीत।
शौर्य गाथाएँ, हिम्मत को बढ़ाती,
हिन्दी भाषा की शक्ति को दर्शाती।
आधुनिक काल में नई सोच,
विज्ञान, समाज, देश की खोज।
शिक्षा के माध्यम से, फैलाएँ ज्ञान,
हिन्दी की महत्ता समझाएँ मान।
समाज में हिंदी का प्रयोग बढ़ाएँ,
राष्ट्रीय भाषा के गौरव को बनाएँ।।

# मोहब्बत

मोहब्बत आकर्षित होती है,
प्रेम में होता खूब प्यार है,
प्रेम में मधुर भाव लगता है,
दोनों भी अलग नहीं होते हैं,
जीवन में प्रेम मिठास होता श्रीनिवास !

**श्रीनिवास एन०**
**(पता :- विजयवाड़ा, आंध्र प्रदेश)**

प्रेमी प्रकृति को देखते हैं,
प्रिय प्रेमी को ही देखता है,
अचानक बारिश पड़ जाती है,
दोनों अपने मुंह देख जाते हैं
यह प्रेम अमर हो जाता है श्रीनिवास !

जीवन में इश्क एक शक्ति
प्रेम में तल्लीन होना अनुरक्ति,
अंत तक होता है प्रेम भक्ति
दोनों में प्यार अद्भुत शक्ति
प्रेम के बिना जीवन व्यर्थ श्रीनिवास !

# प्रेम के गीत

**वी० एन० वी० पद्मावती**
**(पता :- हैदराबाद, तेलंगाना)**

नज़र से नज़र जब मिली, बात कुछ और थी,
दिलों में थी हलचल नई, बात कुछ और थी।

तेरी मुस्कान का जादू, दिल को छू गया,
बहारों में थी ताजगी, बात कुछ और थी।

चुपके से कहा जो दिल ने, तूने सुन लिया,
सन्नाटे में जो गूँजती, बात कुछ और थी।

तेरी खुशबू से महकते थे गुलशन सभी,
फिज़ाओं में थी दीवानगी, बात कुछ और थी।

ख्वाबों में जो तेरे आने की आहट हुई,
उन रातों में भी चांदनी, बात कुछ और थी।

तुझे छूने की हसरत ने पागल किया,
दिलों में थी जो तड़पती, बात कुछ और थी।

तेरे संग वक्त रुक सा गया था मगर,
साँसों में बसी जिंदगी, बात कुछ और थी।

तेरे बिन वीरान सा ये जहाँ लग रहा,
तेरे संग थी जो रोशनी, बात कुछ और थी।

हर धड़कन तेरा नाम लेने लगी,
दिल की जुबां थी जो कहती, बात कुछ और थी।

प्रेम का रंग जो तूने दिया है मुझे,
हर पल की वो ताजगी, बात कुछ और थी।

आ जाओ फिर से सुनाओ वही गीत तुम,
जो दिलों में बसाती खुशी, बात कुछ और थी।

तेरे साथ ही जीवन का मतलब मिला,
तेरे बिना ये बंदगी, बात कुछ और थी।

हर ग़म को सहारा मिला तेरे प्यार से,
तेरी चाहत की रौशनी, बात कुछ और थी।

यूँ ही दिल से दिल की कहानी कहूँ,
तेरी यादों में बसी वो मिठास, कुछ और थी।

ये ग़ज़ल तेरे नाम लिखी है सदा के लिए,
तेरे होने की जो ख़ुशी, बात कुछ और थी।

तेरी आँखों में जो मोहब्बत की रोशनी है,
उनमें डूबने की हसरत भी बेमिसाल है।

तेरे ख्यालों से सजी ये शामें मेरी,
तेरी यादों का जो रंग है, कमाल है।

तेरी हंसी से खिलते गुलाबों का ख्वाब,
तेरी सूरत ही मेरे लिए सवाल है।

जिन लम्हों में साथ था तेरा हरपल,
वो ज़िंदगी के सफ़र का सबसे बड़ा हाल है।

# आराधना

मेरे जीवन की साधना हो तुम...
हरपल जो करूँ वो आराधना हो तुम...
मेरे मन मंदिर में मूरत बसती है तेरी...
हर पल जिसको देखना चाहूँ वो सूरत है तेरी...
मैंने हर पल, हर लम्हा तुझे पूजा..
तेरे सिवा मेरा कोई नही दूजा...
तू मेरी श्रद्धा, मेरी भक्ति का फल है...
तेरे चरणों मे समर्पित मेरा हर एक पल है...
सच्चे हृदय से तुझे चाहती हूँ मैं..
कब बुलायेगा तू वृंदावन..
तेरी राह निहारती हूँ मैं...
करती हूँ तेरी सेवा,
लेती हूँ तेरा नाम...
स्वीकार कर मोहन मेरा ये प्रणाम...
तू ही मेरा स्वामी, सच्चा सखा, मित्र तू...
अपनी कृपा से जीवन महका दे वो इत्र तू..
तू है छबीला, चंचल करूणा का सागर..
अपने प्रेम से भर दे कान्हा,
मेरी जीवन रूपी गागर..
कष्टों भरी है मेरी ये जीवन नैया..
आ जाओ गिरधारी बनकर तुम खिवैया..
बंजर पड़े मन में,
भक्ति की ज्योति जला जाओ..
आओ हे! द्वारकाधीश अब,
मुक्ति मार्ग दिखा जाओ..
ईर्ष्या भरी इस दुनिया में,
नजर न आये अब मित्र कोई...
कृपा करो हे बनवारी,
सखा सुदामा सम मित्रता तेरी मेरी होई...
पतझड़ सी जीवन बगिया मे,

**शिल्पा अनुपम गुप्ता**
**(पता :- कटनी, मध्य प्रदेश)**

तुम बन वसंत ऋतु छा जाओ..
रोम रोम तेरा नाम पुकारे,
अब तो दर्श दिखा जाओ...
सूने से मन के उपवन मे,
एक कली प्रीत की खिल जाये..
उद्धार करो अब हे कान्हा,
ये प्राण तुझमें समा जाय..
राधे राधे का नाम जपूँ मैं,
राधे सम प्रीत निभा जाओ..
अंधकार से घिरा ये जीवन ,
सूरदास सा विश्वास जगा जाओ..
स्वर विहीन ये दिनरैन हे मेरे,
मीरा सी तान सुना जाओ...
बंजर सी सूखी अँखियन मे,
तुम प्रेम के अश्रु बन छाओ..
हे गिरधारी, माखनचोर..
तुझसे शुरू हो मेरी हर एक भोर..
बनकर मेरे तुम ईष्ट आराध्य..
मुझे अपनी सेविका बना जाओ..

# नारी शक्ति

नारी तुम कमजोर नहीं,
कमजोर नहीं, लाचार नहीं।
तुम तो एक शक्ति हो,
शक्ति हो, एक भक्ति हो।
तुम करती हो सृष्टि का सृजन,
तो विनाश भी तुम कर सकती हो,
इन आततायियों का,
विध्वंस भी तुम कर सकती हो।
हाथ तुम्हारे अब बेबस न रहे,
भाला है तुम्हारे हाथों में,
तुम हो ममता की प्यारी मूरत,
तो लक्ष्मीबाई सम आग हो,
ज्वाला भी हो।।
तुम चंचल, चपल ,सयानी हो;
दुर्गा हो, आदिभवानी हो।
आँखों मे तेरे स्नेह भरा,
तो क्रोध की ज्वाला भी है छिपी,
अधरों में मीठी लोरी है,
क्रांति विचारमय बोली है।
तुम योद्धा है,पराक्रमी हो,
तुम साहस की चिंगारी हो,
सागर की जितनी गहराई,
उतनी ऊर्जा तुझमें समायी है।
जिन हाथों मे कंगन, चूडियाँ है;
उन्हीं हाथों ने तलवार उठायी है।
तुम कर्ता हो,तुम भर्ता हो,
तुम जग की पालनकर्ता हो।
तुमसे है ये दुनिया सारी,
अब नहीं रही तुम बेचारी।
मुँह तोडो तुम उन दरिंदों का,

**शिल्पा अनुपम गुप्ता**
**(पता :- कटनी, मध्य प्रदेश)**

निज हाथों उनका संघार करो,
बाँध तुम्हें जो कमजोर करे,
उन मर्यादाओं का त्याग करो।
थर-थर कापेंगें दुष्कर्मी,
जिसने तुम पर अत्याचार किया,
बन कालिका जो तुमने,
विकराल रूप धारण है किया।
इस दुनिया मे जो दिखता है,
वैसा वो होता है ही नहीं।
तुम जाँच पारखी नजरों से,
जो जिस लायक हैं,
उनसे वैसा व्यवहार करो,
बदलो अब रीति-रिवाजों को,
दहलीज को अपनी पार करो।
लेकर संस्कारों को संग अपने,
जग में रोशन अब नाम करो,
सम्मान तुम्हारा ये सारा संसार करे,
कोई न तुम पर वार करे।
पूजे तुमको ये दुनिया सारी,
नारीत्व का न कोई अपमान करे,
तुम बन कर लक्ष्मी, झलकारी;
खड़ग उठा हौसलों का दम अब भरो।
नारी तुम कमजोर नहीं,
एक शक्ति हो, एक भक्ति हो।।

# प्रेम

**अभिनव शिवम**
**(पता :- पलवल, हरियाणा)**

शब्दों में कहा जा सके,
वह प्रेम कहाँ ?
प्रेम अमर है,
अव्यक्त है, अशब्द है,
सहज, स्वयंभू है !
शब्दातीत है,
पावन प्रणय है,
गंगाजल-सा।
प्रेम पाना नहीं, देना है
असीमित अपरिमित,
अपने अस्तित्व से भी ज्यादा,
सब कुछ !
प्रेम प्रसाद है ईश्वर का,
पलकों पर रखने का,
माथे पर चंदन के टीके-सा।
क्षणभंगुर संसार में,
प्रेम ही शाश्वत है,
परम चैतन्य सा।
दैदीप्यमान शीतल लौ,
मंदिर में मौन दीप-सा !

# संग-संग चलना

प्रिये, संग- संग चलना।
यह जो जिंदगी है,
ऊँचे-नीचे पहाड़ों जंगलों-
नदियों वाली धरती-सी,
यहाँ आँधियाँ भी आएँगी,
तूफान भी आएँगे,
फिर वर्षा होगी,
हरियाली लहलहाएगी।
आँधियों में हाथ मत छोड़ना,
तूफानों में साथ मत छोड़ना।
माना कि मैं पागल हूँ,
आवारा बादल हूँ,
हूँ खड़ा वृक्ष बनकर,
धूप का हर ताप स्वयं सह कर।
प्रेम के मधुर गीत गाते रहना,
प्रिये संग- संग चलना।

अभिनव शिवम
(पता :- पलवल, हरियाणा)

# पिया के घर

बिरह के गीत बहुत गाए,
अब मिलन के गीत गाना है।
नैहर में बहुत रह लिए,
अब पिया के घर जाना है।
सबके सजन इस जग में,
भूल-भूल सुध लेते हैं।
मेरे पिया मेरे मन में रहते,
प्रति पल साथ वे देते हैं।
प्रीति-दीवानी मीरा जाने,
या जाने मन मेरा।
रंगना तो रंगरेज ही जाने,
मैं जानूँ रंग तेरा।
अब श्याम रंग में रंगना है,
पिया प्यारे संग चलना है।

डॉ० रंजना गुप्ता
(पता :- पलवल, हरियाणा)

# सर्दी

थोड़ा कम गीला पानी देना नहाने को,
सर्दी ने कहर बरपाया है!
कोहरे की भाप में डूबी धरती,
बाहर झाँकती अट्टालिका की ऊपरी मंजिल,
जैसे स्वर्ग का कोई घर हो!
गुदगुदे गद्दे और मुलायम कंबल,
में लेटकर ऐसा सुख मिले,
कि जैसे माँ की गोद हो।

**डॉ० रंजना गुप्ता**
**(पता :- पलवल, हरियाणा)**

# कृषक

खून-पसीना बहाता हूँ ,
रुखी-सूखी खाता हूँ,
खाकर काम चलाता हूँ ,
प्रकृति की मार भी सहता हूँ।।

कर्ज में डूबा रहता हूँ ,
भूखे पेट भी सोता हूँ,
कोई भी रहम नहीं करे,
तब भी शांत मैं रहता हूँ ॥

**बृजेश सिंह**
**(पता :- मोरनी हिल्स, हरियाणा)**

खेतों में पसीना किसका है ?
अनाज कौन उगाता है ?
आँधी हो या तूफान हो,
दिन हो या रात हो ॥

पूरा साल हरियाली देते,
खेतों में रौनक हैं लाते,
बच्चों को भी साथ लगाते,
पशुओं को भी शरण देते।।

किसान सच्चा हितैषी सबका,
शरण में आये की सेवा करता,
बच्चे-बूढ़े मिलजुल रहते,
सबका पालन भी करता।।

# बदलता परिवेश

खेत खलिहन बेच दिए,

पुस्तैनी मकान बेच दिए,

लो गाँव भी अब शहर होने लगा।

स्नेह संस्कार सब गायब,

दिलों में प्यार सब गायब,

रुपयों की भाषा समझे केवल,

लो गाँव भी अब शहर होने लगा।

व्यवहार भी रुपयों का,

त्यौहार भी रुपयों का,

न मन में प्रेम,

न जीवन में प्रेम,

अभाव प्रेम का अब खलने लगा,

लो गाँव भी अब शहर होने लगा।

वचन निभाने वाले कहाँ गए,

मेल कराने वाले कहाँ गए ?

स्वार्थ भारी स्नेह पर,

हवा में भी अब धीमा जहर घुलने लगा,

लो गाँव भी अब शहर होने लगा ।

**बबिता प्रजापति "वाणी"**
**(पता :- झाँसी, उत्तर प्रदेश)**

# तेरे नाम अनेक

तेरे नाम अनेक, तू ही शक्ति स्रोत है,
तू सब का धाता, कर्ता, विधाता एक है।
तू विघ्न विनाशक तू शक्ति धाता रुप है,
तू कण-कण में तू व्योम व तन-मन में है।

तू ही पालनहार है तेरे ही विविध नाम हैं,
तेरे ही विविध प्रकार, तू शून्य प्रकाश है।
प्रकृति सृष्टि की रचनात्मक शक्ति एक है,
तू ही भाग्य विधाता की दृष्टि कर्ता एक है।

तू शून्य से भी सूक्ष्म और अनंत एक है,
तू मर्म है पूरी सृष्टि का सार्वभौम शक्ति है।
तू सृजन का, तू ही सौम्यता का प्रतीक है,
तू कोलाहल का तू ही तृप्ति का स्वरूप है॥

**रामेश्वर लाल महरड़ा 'सजग'**
**(पता :- सांभर लेक, राजस्थान)**

# अधूरी ख्वाहिशें

अधूरी ख्वाहिशों का शहर है बस यूँ ही,
आशाएँ लेकर आये सब अधूरी हैं यूँ ही।
बहुत प्रयत्न किया सफलता मिली नहीं,
अजनबी मिले हैं धोखा हुआ बस यूँ ही।

ख्वाहिशें होना ज़रूरी फ़र्क नहीं पड़ता,
मंजिल पाने को ख्वाहिशें जरूर रखना।
छोटी सी ख़्वाहिश जीवन को संवारती,
इस शहर में आये हैं तो मंजिल को पाना।

अच्छा हो, ख़्वाहिश को ख़्वाहिश रहने दो,
नहीं तो जिंदगी में मुश्किल है नींद आना।
हर ख़्वाहिश पर ख़ुशी का इज़हार होने दो,
दर्द बने ख्वाहिशों में इतना भी नहीं खोना।

रामेश्वर लाल महरड़ा 'सजग'
(पता :- सांभर लेक, राजस्थान)

# नया साल

क्या हुआ नये साल में हम समझ नहीं पाए,
देख पाएँगे क्या? निर्मल सरिता की धाराएँ।

नये वर्ष में सबके घर आँगन उजियारा होगा,
कल्पना में सोचते रहे नया खिला चमन होगा।

**रामेश्वर लाल महरड़ा 'सजग'**
**(पता :- सांभर लेक, राजस्थान)**

नये वर्ष में नई पहल हो मंगल गान भी होगा,
जन-जन में आयेगी खुशहाली कल शुभ होगा।

अंधियारा मिटेगा छल कपट हमेशा दूर होगा,
प्रेम, प्यार व स्नेह भावना को अपनाना होगा।

वैमनस्य नहीं हो मानव में प्रेम की बयार चले,
मानव का आत्मा बल मजबूत सुखद हो चले।

जन जीवन की जिंदगी नव वर्ष में सरल होगी,
नये वर्ष की सुबह स्वर्णिम परिदृश्य वाली होगी।

# संस्कारित जीवन

जग में जीवन किसी का न होता अमर,
कर्म व्यवहार का है ये जीवन डगर।
फल मुताबिक़ करम मिलना निश्चित यहाँ,
जन जो जैसा करे ज़िन्दगी के सफ़र॥
कर्म खेती बदौलत ये जीवन चले,
कर्म के कोष से जन की गरिमा बढ़े।
मान-अपमान जीवन में उन्नति-पतन,
कर्म अनुरूप हर जन को जग में मिले॥
बाँटता जो ख़ुशी पाये वह ही ख़ुशी,
ग़म के व्यापार से ज़िन्दगी हो दुःखी।
साज़ जीवन की हो नेकियों से सदा,
प्रेम व्यवहार से मिलती जीवन ख़ुशी॥
मानवीय मूल्य हैं दौलतें प्रेम की,
जिसके बल से मिलें मंज़िलें क्षेम की।
राहें जीवन दुःखों से भले हों सनी,
पथ में छूटे नहीं भावना प्रेम की॥
ज़िन्दगी जो मिली तुझको इन्सान की,
सारे जीवों में सबसे गुणवान की।
मान जीवन का अपने न दूषित करो,
भाव आये नहीं तुझमें अभिमान की॥
तेरा जीवन रहे लोकहित में सदा,
बोझ कष्टों का तुझ पर भले हो लदा।
देश सेवा के हित हो अमर ज़िन्दगी,
हैं बहुत धन्य वे जिनको होवे बदा॥

**डॉ॰ सुरेश लाल श्रीवास्तव**
**(पता :- अम्बेडकरनगर,**
**उत्तर प्रदेश)**

# जीवन सफ़र

रहे प्रेम पूरित सफ़र ज़िन्दगी का,
पड़े हर किसी पर असर सादगी का।
सदा सद्‌गुणों से रहो तुम सुसज्जित,
यही साज सुन्दर है ज़िन्दगी का॥

सदा नेकियों से करो तुम मुहब्बत,
कभी दुर्जनों का करना न सोहबत।
बढ़ाये शराफ़त जीवन की गरिमा,
मिले मान जैसे ऊँचा हो पर्वत॥

जीवन तेरा है ख़ुदा की नियामत,
कभी दुर्गुणों से करो न ख़यानत।
सदा नेक पथ पर आगे ही बढ़ना,
दुनिया में जब तक रहो तुम सलामत॥

करो धन्य जीवन शुभद कर्म बल से,
मिलेगी सफ़लता इसके ही दम से।
समय मान जीवन सदा कर्म करना,
सजे ज़िन्दगी ये कर्मों के बल से॥

**डॉ० सुरेश लाल श्रीवास्तव**
**(पता :- अम्बेडकरनगर,**
**उत्तर प्रदेश)**

# जीवन कर्म

जाना सबको पड़ेगा जहाँ छोड़कर,
सारी हस्ती से अपने मुख मोड़कर।
बँधना सबको पड़े मृत्यु के पाश में,
बच न पाया कोई भी इसे तोड़कर॥

एक जैसा नहीं सबका जीवन सफ़र,
कोई सुखशील है कोई दु:ख के डगर।
बीते जीवन सभी के अलग ही अलग।
तन किसी का नहीं है यहाँ पर अमर॥

मौत तुमको गले से लगायेगी जब,
काम तरक़ीब कोई न आयेगी तब।
पास दौलत खज़ाने का भण्डार हो,
मौत के जंग में हार जायेंगे सब॥

नेक कर्मों से शुभ कीर्ति सबको मिले,
ज़िन्दगी सारे जन की इसी से खिले।
कर्म अनुरूप जीवन की पहचान हो,
बाद जाने के जिससे अमरता मिले॥

ज़िन्दगी पथ कोई लोकहित दौड़ता,
लोक जीवन में कोई ज़हर घोलता।
कर्म अच्छा बुरा जो भी जैसा करे,
उसके अनुसार परिणाम वह भोगता॥

आज तुम हो जहाँ कल कोई था वहाँ,
क्या पता है तुम्हें कल रहोगे कहाँ?
कर्म जैसा करे जो भी इस लोक में,
मान वैसा ही उसको मिले इस जहाँ॥

डॉ० सुरेश लाल श्रीवास्तव
(पता :- अम्बेडकरनगर,
उत्तर प्रदेश)

# जीवन की धन्यता

आगत अतीत के बीच यहाँ,
कर्मों की धारा चलती है।
आगे बढ़ने हित जीवन को,
बीते से शिक्षा मिलती है।
वह सबसे अच्छा कर्म रथी,
जो सच्चे पथ पर गमन करे।
हर कठिन परिस्थिति में जिसके,
जीवन की नौका चलती है॥

डॉ० सुरेश लाल श्रीवास्तव
(पता :- अम्बेडकरनगर,
उत्तर प्रदेश)

बीते कालों से शिक्षा ले,
जो सुन्दर कर्म विधान करे।
सुखमय समाज के सृजन अर्थ,
निज सुख का जो बलिदान करे।
ऐसे बलिदानी लोगों की,
है अमर कीर्ति इस दुनिया में।
इनके ही जीवन की गाथा,
ये लोक सदा गुणगान करे॥

जो जीते हैं खुद के हित में,
अपना ही विभव बढ़ाते हैं।
पद पैसा और प्रतिष्ठा सब,
अपनों में सदा लुटाते हैं।
ऐसे जन की काया माया,
क्या कभी धन्य है हो सकती?
भूखों के आगे की थाली,
जो छीन बड़ा बन जाते हैं॥

# कितना चाहा हमने तुमको

**डॉ० जय प्रकाश प्रजापति**
**(पता :- कानपुर, उत्तर प्रदेश)**

कितना चाहा हमने तुमको, वह जीवन की तलवार बनी।
प्रेम करना तो दूर रहा था, वह तो मेरी मृत्यु की हार बनी।।

मन के ख्वाब कहाँ से आये, तुमको अपना दिल दे बैठा।
आसमान में ध्रुव तारे जैसा, तुझको अपना नाम दे बैठा।
पहले तो तू फूल गुलाब थी, काँटों में भी खिलती रहती।
सावन के मौसम जैसी थी, हर पल झूला झूलती रहती।
फिर पता नहीं क्या एक दिन, तू ही मेरे जीवन हार बनी।।१।।

लोगों की मैंने बातें सुनता था, कोई साथ न देने वाला।
सब अपने में मस्त हुए हैं, कोई न पतवार चलाने वाला।
यहाँ सब धन के लोभी ठहरे, प्रेम करना कोई न जाने।
बस पैसा ही सबका प्यारा है, इसके ही सब गाते गाने।
आँखों में बस आँसू हैं, दुनिया अब काटों की हार बनी।।२।।

विश्वामित्र बना था मैं भी, पर कोई साथ कहाँ मिला है।
आशाओं ने बहुत निराश किया, मंजिल कहाँ मिला है।
जिसको मैंने सींच संवारा, उसे तो कोई और ले गया।
मेरे दिल पर छुरी चला कर, मेरा कत्ले आम कर गया।
टूटा है विश्वास जगत से, तू जटिलताओं की सार बनी।।३।।

कितना चाहा हमने तुमको, वह जीवन की तलवार बनी।
प्रेम करना तो दूर रहा था, वह तो मेरी मृत्यु की हार बनी।।

# जिंदगी तेरे रंग अनेक

जिंदगी तेरे रंग अनेक,
तू तो हर पल रंग बदलती है।
कभी दुख तो कभी सुख,
पता नहीं कैसे चलती है।।

यह जीवन बड़ा अलबेला,
यहाँ भौतिकता का है मेला।
शक्ति शाली ही जीवन जीते,
यहाँ गरीबों का लगता मेला।।

हर पल सब कुछ बदले,
बदल बदल कर चलती है।
देख रहे हो तुम भी अब तो,
धीरे धीरे यह ढलती है।।

सबकी सोच बदलती देखी,
देखा सबका रूप लुभावन।
अजर अमर आज तक कहाँ,
फिर भी जीते सब मनभावन।।

रंग बिरंगी छटा है इसकी,
छमक छमक कर चलती है।
वाह वाह वाह करती दुनियाँ,
पायल सी वह बजती है।।

कोई तो महलों में जीता है
कोई तो बाहर भटक रहा।
कोई तो जीवन काट रहा,
कितनों का मन चटक रहा।।

**डॉ० जय प्रकाश प्रजापति**
**(पता :- कानपुर, उत्तर प्रदेश)**

आशा टूटी, मन अस्थिर है,
पता नही कैसे चलती है।
देखो देखो यह वही जिंदगी,
जो काटे नही कटती है।।

जिंदगी तेरे रंग अनेक,
तू तो हर पल रंग बदलती है।
कभी दुख तो कभी सुख,
पता नही कैसे चलती है।।

# प्रेम

प्रेम-
एक तपस्या है,
जो -
मन के अंदर पनपती है,
मन के अंदर ही तपती है!
मन के अंदर ही जपती है!!
   दूर हो या पास,
   मिलन की
   कोई न हो आस,
   बस उसकी सलामती की
   करती है प्रार्थना,
   कभी न करती भर्सना!
प्रेम -सागर है,
प्रेम- आकाश है,
प्रेम -धरा है,
प्रेम -अस्तित्व है,
प्रेम- सत्य है,
जो कभी भी किसी से हो सकता है,
बिना मिले भी
बिना बात करे भी,
बिना स्वार्थ के!
   प्रेम-
   वह गहराई है,
   जहाँ डूब कर भी,
   मरती नही आत्मा,
   कभी नही होता इसका खात्मा!
प्रेम-
बुलबुला नही,
प्रेम-
चुलबुला नही,
प्रेम -जीवन है,
प्रेम -पावन है,
प्रेम -सावन है,
प्रेम -बसंत है,

**डॉ० जय प्रकाश प्रजापति**
**(पता :- कानपुर, उत्तर प्रदेश)**

प्रेम -अनंत है,
प्रेम -दिगंत हैं
इसका न कोई अंत है!!
   लोग प्रेम को-
   शरीर से जोड़ते हैं,
   अपने मन को
   संकीर्णता से मोड़ते हैं!!
प्रेम-
मन की शाश्वत अवस्था है,
जो -
जहाँ कभी भी,
किसी से भी
कहीं भी
मिल जाती है,
मन को संतुष्टि प्रदान कर जाती है!!
   प्रेम -
   एक भावना है,
   प्रेम -
   एक सद्भावना है,
   प्रेम-
   मंदिर है,
   प्रेम-
   आत्मा है
   प्रेम-
   परमात्मा है,
प्रेम का कभी न होता खात्मा है!!

# मौसम

**डॉ० जय प्रकाश प्रजापति**
**(पता :- कानपुर, उत्तर प्रदेश)**

ऋतुओं के संसार ग़ज़ब का, ये हर क्षण बदला करता।
पता नही चलता कि कोई मौसम, कैसे निखरा करता।।

कभी गर्मी,कभी सर्दी, फिर पता नहीं कब बादल आएँ।
कभी भयंकर बारिश बरसे, ये कभी सूखे से ये तड़पाएँ।
कहीं गर्मी,तो कहीं बादल बरसे, ये कहीं गर्मी ताड़पाएँ।
कहीं बसन्त,दुनिया झूमे, कहीं बर्फ़ बन बरसा करता।।१।।
ऋतुओं का संसार गजब का,.........................।

हर मौसम का अलग महत्व है, कहीं दिवाली,होली होती।
कहीं बसन्त पंचमी मानते हैं, कहीं कहीं जन्माष्टमी होती।
है सारा खेल प्रकृति का, यह दुनिया को नित दिखलाती।
धूप-छाँह का खेल है जग, कहीं ज्वालामुखी फूटा करता।।२।।
ऋतुओं का संसार गजब का,.........................।

ऋतु बदली तो मन बदला, हर मौसम की चाह अलग है।
कभी निखरता,कभी अखरता, हर मजा अलग अलग है।
हर मौसम के फल फूल अलग, कपड़े भी बदला करते।
हर मौसम अपना अपना सवाब दिखा, कहीं जाया करता।।३।।

ऋतुओं का संसार गजब का, ये हर क्षण बदला करता।
पता नहीं चलता कि कोई मौसम, कैसे निखरा करता।।

# मृत्यु

डॉ० जय प्रकाश प्रजापति
(पता :- कानपुर, उत्तर प्रदेश)

जो जन्मा है उसकी मृत्यु भी होगी, मृत्यु सदा निश्चित है।
जन्म मृत्यु ये जीवन के पहिये, जिनको होना निश्चित है।।

यह दुनिया चलायमान, चलती,घिसती कम होती रहती है।
यहाँ हर वस्तु जो दिखती है, वह परिवर्तित होती रहती है।
जो जन्मा उसकी मृत्यु निश्चित, आकर बदलती रहती है।
मृत्यु नहीं तो यह जीवन कैसा, सदैव मृत्यु सदा निश्चित है।।
जो जन्मा है उसकी मृत्यु भी होगी,.........................।

यहाँ हर जीव जगत का, जो जो इस धरती पर उपजाते हैं।
उसकी होनी मृत्यु सदा, उसका अंत भी ईश्वर लिख जाते हैं।
पता नहीं कहाँ,जन्म लेगा, पता नहीं कब मृत्यु को पाते हैं।
बड़ा विस्मयकारी जीवन सबका, सबकी मृत्यु सदा निश्चित है।।
जो जन्मा है उसकी मृत्यु भी होगी,.........................।

कोई नही अमर इस जीवन में, सबको मरना होता निश्चित।
सूर्य,चन्द्र,ग्रह,उपग्रह, इन सबका ही तो जाना होता निश्चित।
मृत्यु जगत का बड़ा रहस्य, पता नहीं क्यों यह होता निश्चित।
इसीलिये कर लो अच्छा अच्छा, एक दिन मरना निश्चित है।।३।।

जो जन्मा है उसकी मृत्यु भी होगी, मृत्यु सदा निश्चित है।
जन्म मृत्यु ये जीवन के पहिये, जिनको होना निश्चित है।।

# एक गीत लिखूँगा

**अमृत बिसारिया**
**(पता :- दुबई)**

मैं नूतन वर्ष नये साल में आज नया एक गीत लिखूँगा,
ऊषाकाल की स्वर्ण रश्मि को अपने मन का मीत लिखूँगा ।
आज नया एक गीत लिखूँगा

ममता छाँव में पलता, बचपन माँ का मान-सम्मान लिखूँगा,
बाबू जी के त्याग-तपस्या का स्वर्णिम अभिमान लिखूँगा ।
आज नया एक गीत लिखूँगा ।

रिश्ते, चाहत, प्रेम, मोहब्बत मिलने का अरमान लिखूँगा ,
त्याग-तपस्या कर्म -कुशलता स्वावलंबन सम्मान लिखूँगा।
आज नया एक गीत लिखूँगा

राहों में कर द्वीप प्रज्वलित अमावस को दूर करूँगा,
तम के भाल पर जुगनूँ बन पथ को प्रकाशित मैं करूँगा।
आज नया एक गीत लिखूँगा ।

दिल में भावों को संजोये खुशियों के अंबार में खोये,
तभी एक बुझी-बुझी आवाज़ है आयी
"भूख लगी खाने को दें दो"! तंद्रा मेरी भंग हुई,
क्या कोई अब गीत लिखूँगा ?
फिर क्या लिखूँगा?
मन ने किया सवाल———

देश का बचपन भूखा हो तो उसकी जवानी क्या होगी,
कहाँ रश्मि की किरणें नूतन कल की रवानी क्या होगी ,
भावों ने फिर करवट बदली सारे सपनें टूट गये,
फिर कैसा यह नूतन वर्ष और कैसा यह नूतन गीत,
टूटे सरगम के साज सभी।
आज नया क्या गीत लिखूँगा -आज नहीं कोई गीत लिखूँगा।

# जीवन क्या है

छंद में विष्णुपदी, मीरा की बानी है,
मंदिर की दीपमाला, गीता का उपदेश है।
जाह्नवी की धार-सी बहती हर साँस में यह,
सुख-दुख की सरिता ही जीवन का कहानी है।

वीणा के तारों में बसी सुर की रागिनी ये,
स्वरों में बिखरी कोई कहानी कह रही।
आती है शांत, धीरे-धीरे मचाए हलचलें,
स्नेह की, प्रेम सुधा सी बहती रवानी है।

**अमृत बिसारिया**
**(पता :- दुबई)**

कभी मेघालय की घाटियों-सा हरा,
कभी रेगिस्तान-सा बंजर निशानी है ये।
संगीत से सजी ये वीणावादिनी तरंगित
जीवन तलाश की सरगम स्मृत चिन्ह है ये।

मंज़िल से अनजान पथिक यह जीवन,
तलाश जारी है लिखे नव गीत सुहावन।
विष्णुपदी के चरणों में समर्पण हमारा,
जिनमें है, अंतहीन प्रीत भरती रवानी है।

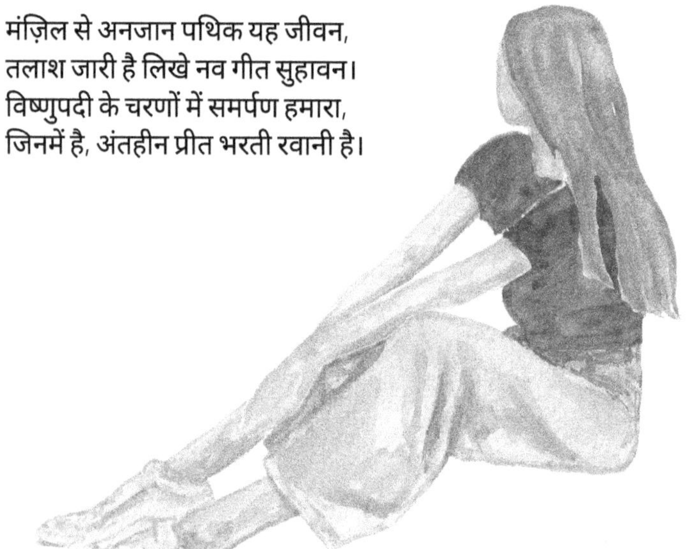

# महाकुंभ

गंगा, यमुना और सरस्वती का संगम है प्रयाग,
धर्म और श्रद्धा का अनूठा मिलन है राज प्रयाग।

बारह वर्षों में अता है पुण्य मिलन का यह सैलाब,
महा कुंभ है आत्म मोक्ष का नहीं है कोई जवाब।

**अमृत बिसारिया**
**(पता :- दुबई)**

साधु-संतों की वाणी का सदा ही हो अमृत प्रवाह,
प्रभु भक्ति में लीन, हर मन बनता निर्मल धार।

कल्पवास भी करते है यहाँ जो आत्म विकास का ज़रिया है,
माघ महीने संगम पर निवास कर पूर्ण आत्म फल प्राप्त करें।

धर्म गुरुओं के धार्मिक अखाड़े शुद्ध सनातनी लगते,
रंग रंगीले ध्वज पूजा अर्चन यज्ञ हवन से धार्मिक व्याख्यान सँवरते।

चारों दिशाओं से उमड़े भक्तों यह आध्यात्म का मेला है,
हर चेहरे पर भक्ति भाव का गहरा चमक उजेला है।

शंख, घंटा और मंत्रों का सुर गूंजे चहु दिशाओं में,
उतरता जैसे स्वर्ग का नूर धरती की बाहों में।

# ये क्या कर बैठे

ये क्या किया हमने, गजब कर बैठे,
झूठों के नगर में,सच बोल बैठे ।

ध्यान देना न आया यह क्या कर बैठे,
नमकीन शहर में ज़ख्मे दिल खोल बैठे।

**अमृत बिसारिया**
**(पता :- दुबई)**

जो नकाब ओढ़े बैठे थे क्यों चौंक उठे,
उनकी रहगुज़र में हम सच बोल बैठे।

यह क्या हो गया मुझ से क्या कर बैठे,
आपदाओं के शहर में सच बोल बैठे।

चुप रहना फायदे का सौदा था अमृत,
मगर आदत से मजबूर सच बोल बैठे।

दरबार सजा था इश्क और मोहब्बत से,
गवाह बनकर क्यों सच बोल बैठे।

हकीकत को छोड़ देना बेहतर होता है,
पर हम तो सच्चाई का दामन पकड़ बैठे।

दोस्ती का रिश्ता हकीकत में दोस्ती नहीं,
ऐसे झूठ की दोस्ती हम छोड़ बैठे।

# मेरी मर्ज़ी (विचारों का महत्व)

मैं अपनी मर्ज़ी का मालिक,जो मन चाहे वही करूँ ।
जहाँ भी जाऊँ या ना जाऊँ ,क्या जग सोचे मैं ना सोचूँ ।
कुछ भी कर लूँ नहीं डरूँ, कुछ भी कर लूँ नहीं डरूँ ।।
अच्छा क्या है बुरा भी क्या है,सोच के क्यूँ मैं तंग रहूँ ।
विचारों को महत्व देता हूँ, जो वो कहे मैं वही करूँ।
कोइ दुखी हो कोइ ख़ुश हो,उसकी मर्ज़ी मैं क्यों भरू।
अपना सोचूँ अच्छा सोचूँ,दुनिया जले तो मैं क्यों रूकू।
रूक कर एक मिनट यदि सोचूँ ,यदि सब ऐसे बन जायें?
पल में दूध और पानी का , मूल्य समझ में आ जायें।
ये सारी दुनिया दुनिया न रह कर, अराजकता का साम्राज्य बन जाये।

**अमृत बिसारिया**
**(पता :- दुबई)**

# नीम का पेड़

**अमृत बिसारिया**
**(पता :- दुबई)**

नीम का पेड़ बहुत गुणकारी,
भारतीय मूल का पर्ण-पाती वृक्ष,
स्वाद में कड़वा यह लगता है,
पर औषधीय गुण इसमें भारी।

सबा में शुद्ध ऑक्सीजन मिलता,
अनेक रोग से हमें बचाता, इसका
प्रभाव है गुणकारी,सेहत के संग
शिरकत करता है असरदारी।

नीम की छांव सदा सुहाती, हर्ष
और उल्लास बढ़ाती , दो स्वादों से
खिदमत करती, कड़वी मीठी स्वाद
अनोखा जैसे शब्दों में विरोधाभासी।

सांभर चटनी पोहा में मिलाएँ
मीठी नीम भोजन का स्वाद बढ़ाए,
कड़वी फंगल संक्रमण से बचाती,
एक नीम सौ हाकिम का काम कर जाती।

# भाव और योग

भक्ति क्या भाव है या योग,
भक्ति तो हृदय की पुकार है,
यह जीवन को ले जाती है ईश्वर के द्वार,
यह भावों की अमृत है
इसमें प्रेम का सार समाया है
और यही आत्मा का आधार है।

**अमृत बिसारिया**
**(पता :- दुबई)**

 इसके लिए कोई साधना जरूरी नहीं,
 न तो कोई विधि होती है,
 यह तो हृदय से बहने वाली
 एक निर्मल धार है,
 जहाँ न कोई छल न कोई अहंकार है,
 भक्तिमय पूरा संसार है।

फिर योग क्या है ? यह संयम तप और ध्यान है,
यहाँ भक्ति का समर्पण है, प्रेम का आह्वान है,
योग के लिए साधक प्रयासरत हैं,
पर भक्ति में उसकी कृपा का प्रकाश है।

 योग अनुशासित बनाता है, अनुशासन सीखाता है,
 पर भक्ति बहा ले जाती है भावनाओं के समंदर में,
 सागर की गहराई में,
 जहाँ पर दिव्य पहचान और समर्पण है।

योग शांति है शक्ति का वरदान है,
योग से मन अनुशासित हैं,
तन भी संयमित है,
पर भक्ति देती हृदय को वह दिव्य प्रकाश,
जहाँ मानव परमात्मा में विलीन हो जाता है।

 भक्ति की भावना वह आबशार है जो हलचल है,
 जहाँ मन का कलुष मिट जाए,
 पर योग आत्मा का साक्षात्कार है,
 और भक्ति में स्नेहा अपार।

# अगर तुम न होते

गर तुम न होते जीवन
न होता सुखद न रंगीन
शायद होता उदासीन ,
रस,राग बिनू गमगीन।।

यह तेरा ही जलवा है कि,
जीवन है उपवन,
खिला है प्यार-चमन,
बासंती वयार आगमन।।

हर लम्हा में साथ तेरा,
रहा पूरक बन मनोहर,
गर तू नहीं सब बेकार,
जानेमन, तुम हो उपहार।।

बेशकिमती मेरे लिए ,
कभी महसूस न हुआ,
अकेलापन का डंसन,
खुशकिस्मत हूँ जानेमन।।

खुदा से अर्ज है तेरा ,
साथ रहे जनम,मुरार,
तेरा गर साथ न होता,
बोझिल जिंदगी मित।।

अरुणा अग्रवाल
(पता :- लोरमी, मुंगेली, छ.ग.)

# पावन पवित्र कुंभ का देश

भारतवर्ष अति पावन,
अरु पवित्र कुंभ स्नान
बारह साल बाद अवसर
तन,मन,बुद्धि में सुधार।।

ऋृषि,मुनि,संत महान
आते आखड़े में धन
हर हर गंगे जयकार
आप्लावन से गुंजनहार।।

पाप,ताप,संताप हो दूर
यही आशय सह आतुर
त्रिवेणी संगम है महती
गंगा,यमुना औ' सरस्वती।।

उज्जैन,हरिद्वार के बाद
प्रयागराज में आबादी
भूल के गिला,सिकवा
जन-मानस हैं उतावला।।

ऐसा पुण्य प्रसून देश
है मेरा भारतवर्ष,नरेश
नाज़ से कहो है हर हर
गंगा मैया से बलिष्ठ शरीर।।

**अरुणा अग्रवाल**
**(पता :- लोरमी, मुंगेली, छ.ग.)**

# मेरा गणतंत्र

मेरा गणतंत्र है सर्वश्रेष्ठ
उसका कोई सानी नहीं
समग्र विश्व में अजूबा,
उसके जैसा निराला नहीं।।

**अरुणा अग्रवाल**
**(पता :- लोरमी, मुंगेली, छ.ग.)**

26जनवरी 1950 लागू
हुआ, बाबा साहब बाबू
प्रणेता,चेयरमैन,धन,
कई शिक्षित और संपृक्त।।

कई देश का सारांश से
बना हमारा संविधान ,
विधि-विधान संग्रही,
धारा,अनुच्छेद से माही।।

शासनतंत्र के अनुकूल
हुआ कर्तव्य अधिकार
न्यायपालिका से मुरार
केन्द्र,राज्य दोऊं सरकार।।

उपकृत हुए ससंविधान
परिवर्तनशील विधान,
समय-समय में हुआ
फेरबदल,जनकल्याण।।

गणतंत्र हमारा सर्वोच्च
न कोई दुजा देश उच्च
26 जनवरी है मनोरम
तिरंगा का लहराता परचम।।

# अनमोल है मानव जीवन

कभी फ़ुर्सत मिले तो पढ़ लेना हमारी यह रचना,
किस्मत पर कभी ना रोना सदा हँसते ही रहना।
नहीं होता है पूर्ण कभी हर इन्सान का ये सपना,
हो सके तो मेहनत की आदत डालते ही रहना।।

**गणपत लाल उदय**
**(पता :- अजमेर, राजस्थान)**

धूप-छाँव, सर्दी-गर्मी और वर्षा में ख़्याल रखना,
एक दूजे को सफ़ल देखकर जलन नही रखना।
अनमोल है मानव जीवन किरदार अच्छा रखना,
हो सके तो सबसे ही ये अच्छे व्यवहार रखना।।

कभी किसी की चापलूसी व चुगली नही करना,
ये संबंध अच्छे रखने हेतु चाहें ख़ुद झुक जाना।
रखना अच्छी सोच मन में यह खोट नही रखना,
हो सके तो कष्ट में तू किसी का मरहम बनना।।

लिख रहा हूँ बीता वृत्तान्त ये कैसा लगा बताना,
वास्तविकता कभी ना बदलती यह याद रखना।
बन जाना ये मोम पिघलना पड़ें तू पिघल जाना,
दीपक नही ज्योति बनना उजाला करते जाना।।

यह जीवन का सत्कर्म कभी भी व्यर्थ ना जाता,
धन दौलत लाख कमाएं सुख चैन नहीं मिलता।
बात में दम है संपूर्ण विश्व इस बात को जानता,
हो सके तो इंसान बन ये स्वर्ग उसे ही मिलता।।

# अब तो करलो मुलाक़ात

गणपत लाल उदय
**(पता :- अजमेर, राजस्थान)**

ना जाने इस परिवार को यह किसकी नज़र लगी,
वर्षों का प्यार और अपनापन भूला दिए है सभी।
जो शक्तिशाली, सर्वव्यापी एक परिवार था कभी,
आज मौन व्याकुल अपने भवन मे बैठें है सभी।।

सोचता हूँ कल नया सूर्य निकलेगा तो बात होगी,
मिट जाएँगे वे गिले-शिकवे जब मुलाक़ात होगी।
नई ज़िंदगी की शुरूआत फिर परिवार संग होगी,
वह नफरतों की दीवार टूटकर चकनाचूर होगी।।

शायद यह आरज़ू समस्त परिवार वालों की होगी,
अगर किसी को ठेस लगी है तो वो भी दूर होगी।
नजदिकी फिर से बढ़ेंगी दूरी पल भर में दूर होगी,
वह सारे ग़म हम सौंप देंगे जब मुलाकातें होगी।।

शिकायतें तो बहुत सारी होगी एक-दूसरे के लिए,
लेकिन सिले हुए होट कौन खोले बताने के लिए।
परीक्षा में आएं पेचीदा सवाल सा हो गया जीवन,
मुँह से दो शब्द निकल न रहें ये अपनो के लिए।।

अब तो करलो मुलाक़ात गुजरी बातें रख दे ताक,
आखिर में एक रोज़ मिल जाएंगे हम-सब ख़ाक।
फिर नही कहना कहां है उस महापुरूष की राख,
कर ले यारा दो बात ना रख लम्बी अपनी नाक।।

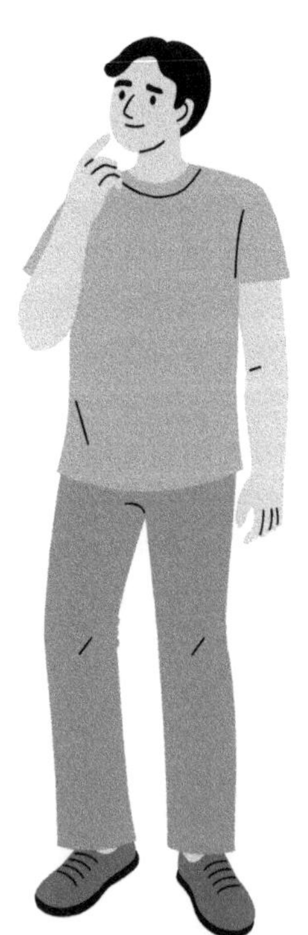

# संघर्ष से मिलती सफलता

सफलता पाने के लिए करना-पड़ता है प्रयास,
सांसारिक बातें है परिवर्तन क्यों होता निराश।
आचरण, संस्कार संस्कृति से होता है विकास,
जीवन में एक लक्ष्य रखो ज़रुर होगा प्रकाश।।

सबके जीवन में आता है सुख दुःख का संघर्ष,
आत्मबल जगाओ अपना होगा तुमको सहर्ष।
चले-चलो और बढ़ते रहो बनों तुम भी आदर्श,
असफलता का सामना कर बनों तुम उत्कर्ष।।

सरल विनम्र व्यक्तित्व रखो सादा जीवन तरल,
भविष्य अपना बनानें खातिर पी जाओ गरल।
गौरव-गाथा लिखी हुई है रचा कई ने इतिहास,
चलों उठो पंख पसारो चाहें राह ना हो सरल।।

करो संकल्प हृदय अपरिमित अज्ञान दूर भगा,
हरगिज़ ना रख पीछे क़दम बोलें चाहें ये सगा।
महकादे सबकी रोम-रोम अब ऐसा कर दिखा,
चरण रज लो शारदे का दौड़ ऐसी फिर लगा।।

सही निर्णय लेकर समय से कौशल यह दिखा,
भूल जा कुछ दिनों के लिए सहपाठी व सखा।
जौहर कर अपनें ख़ून का क्या हूँ मैं यह दिखा,
भविष्य बना अपना बेटा अन्धेरे में क्या रखा।।

**गणपत लाल उदय**
**(पता :- अजमेर, राजस्थान)**

# स्कूल के दिन

कुछ सफर था प्यारा-सा,
कुछ सफर था सुहाना-सा,
याद हमेशा रहेगी ये कक्षा,
हमारी प्यारी-सी नौंवी कक्षा।

बचपना था हमारे अंदर,
नौंवी कक्षा में छूट गया वो,
लड़ते थे जो छोटी-छोटी बातों पर,
आज कतराते हैं वो बात करने को।

आठवीं में जो दोस्त थे,
नौवीं में आके वो दोस्ती खो दी,
याद हमेशा रहेगी ये कक्षा,
अपनी दोस्ती खो दी जिसमें हमने।

एहसास हुआ इस कक्षा में,
कि अब बच्चे नहीं रहे हम,
वो बचपन भी छोड़ आए पीछे,
जिस बचपन में करते थे शरारतें हम ।

वो बचपन खो दिया हमने,
जब नौंवी कक्षा में आए हम,
डर सताने लगा था हमें
कि अब दसवीं में हो जाएँगे हम।

**कनिका ठाकुर**
**(पता :- मोरनी हिल्स, हरियाणा)**

# मानवता का पतन

**विजयलक्ष्मी भारद्वाज**
**(पता :- झज्जर, हरियाणा)**

चारों ओर अशांति छाई, काले मेघ घने,
मानव ने मानवता छोड़ी, ध्वस्त हुए सपने।
युद्ध की ज्वाला जलती, लपटें छूती गगन,
हृदय हुआ अब पाषाणी, खोया सबका मन।

नारी का अपमान किया, लज्जा भी रोती,
दीन दुखी की चीख सुनो, क्यों जग सोती?
भाईचारे की भूमि पर, रक्त बहे अविराम,
करुणा के स्वर मौन पड़े, खत्म हुआ संग्राम।

शांति के पुजारी कहां, क्यों खोई दृष्टि?
द्वेष और हिंसा से घिरी, क्यों मिटी सृष्टि?
प्रेम और सौहार्द की फिर, सुरभि फैलाओ,
मानव को मानवता का पाठ पढ़ाओ।

अब भी समय है चेत जाओ, पथ सत्य चुनो,
नारी का मान रखो, जीवन का सार सुनो।
शांति की ज्योति जलाओ, तम को हर लो,
मानवता के मूल को, पुनः हृदय भर लो।

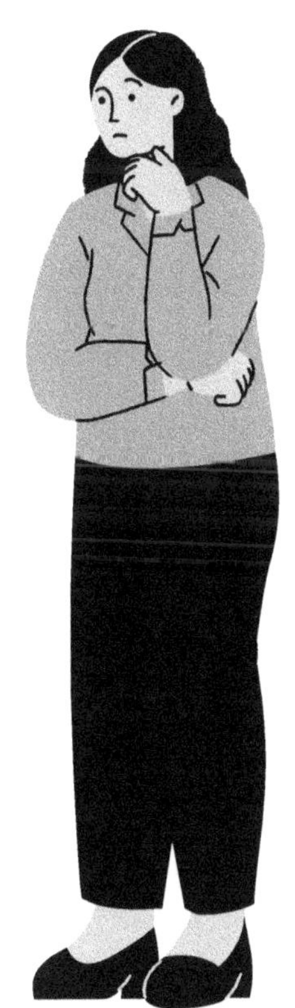

# प्रेम के गीत

चाहे कितनी विपदा आए,मिलकर संग रहेंगे।
बंद पलक में सपने सारे,मिलकर रंग भरेंगे।

फूल भरी राहों में हमको, मिले कभी काँटे।
फूल संग चुन लेंगे काँटे, जैसे सुख-दुख बाँटे।
नहीं छूटेगा संग हमारा, पग पग साथ चलेंगे।
बंद....

**साक्षी साहू सुरभि**
**(पता :- महासमुन्द, छत्तीसगढ़)**

इंद्रधनुष के सातों रंग, सा जीवन उभरेगा।
चमक चाँदनी की आभा से, जीवन भी चमकेगा।
नहीं निराश लाएंगे हम, आशा दीप जलेंगे।
बंद...

निजी स्वार्थ में खोना जीवन, ऐसा कभी ना होगा।
एक दूजे के खातिर जीना, लक्ष्य हमारा होगा।
नेह तार से बंधे बंधना, गाँठ न पड़ने देंगे।
बंद...

गूंजे किलकारी घर आंगन, निधि वन जैसा महके।
कलरव करते पक्षी आए,निशि दिन आँगन चहके।
प्रीत सदा ही निखरे अपना,कभी नहीं बिछड़ेंगे।
बंद....

# फूलों में महकते देखा

तेरी सूरत को फूलों में महकते देखा।
कोई मंजर हमने कहीं तनहा देखा।

वो गेसू हवाओं से बिखरते पल में,
हसीन हुआ गुलाबी तेरा चेहरा देखा।

किसी के दिल में क्या है बताऊँ कैसे,
अपने दिल में कुछ शोर सरकते देखा।

वो आँखों का झपकना जुगनू जैसा,
कोई नगमा सूरत में मचलते देखा।

भूल जाने को नहीं होता कोई लम्हा,
हमने क्या खोया क्या संवरते देखा।

पवन कुमार भारद्वाज
(पता :- शिमला, हिमाचल प्रदेश)

# कर्मों का फल

प्रेम के बीज बोकर तुम,
सदा प्रेम ही प्रेम पाओगे।
जब प्रेम की खेती लहलायेगी,
फूले नहीं समाओगे।।

नफरत करने से नफरत मिलती,
कड़वाहट का जन्म होता।
खुशी बांटने से खुशी मिलती,
मानवता का आगमन होता।।

भाई-चारे का पाठ पढ़ाओ,
यही मानव का चारा है।
इंसानियत का सबक सिखाओ,
सच्चा धर्म हमारा है।।

क्या खोया क्या पाया,
सब यहीं धरा रह जाएगा।
बंदा अपने कर्मों का पुलिंदा,
साथ लेकर जाएगा।।

जैसा बोओगे वैसा काटोगे,
और अलग क्या पाओगे।
अगर बोया पेड़ बबूल का तो,
आम कहाँ से खाओगे।।

डॉ० जगदीश चंद्र वर्मा
(पता :- गाजियाबाद, उत्तर प्रदेश)

# मातृभूमि

**रंजना जोशी**

**(पता :- लखनऊ, उत्तर प्रदेश)**

मातृभूमि से हो अनुराग,
तो कभी कम न होने देना,
सच्चे देशभक्त हो तो तुम,
प्राण न्योछावर कर देना,
दुश्मनों की पड़े अगर बुरी नजर,
उन नजरों को नीचा कर देना,
आग लगाए जो हमारे घर में,
उस आग को ठंडा कर देना,
जो मिट गए आजादी के लिए,
उन वीरों का सदा मान रखना,
जो भर रहे हैं हम सब में जहर,
उन दुश्मनों के फन कुचल देना,
कोई धर्म हो या कोई जाति,
बस भारतीय हो पहले ये याद रखना।।

# कुछ लफ्ज़ तुम्हारी यादों के

गौतम कुमार कुशवाहा
(पता :- मुंगेर, बिहार)

संग जीने की संग मरने की, संग चलने की कसमें खाई।
चंद लम्हों तक साथ चले, फिर हो गई तेरी-मेरी जुदाई॥
कर श्रृंगार जब तुम चलती थी,
मैं हो जाता था घायल।
सुकूं मिलता था दिल को मेरे,
बजती थी जब तेरी पायल॥
देख तेरे सौन्दर्य को, मन मेरा हर्षित हो गया।
तेरी अधरों की मुस्कान पर, मैं आकर्षित हो गया॥
जब से बिछड़े हैं तुमसे,
निकलने लगा है प्राण।
तुम ही मेरी महबूबा हो ,
तुम ही मेरी जान॥
क्या गुनाह था मेरा, जो तुमने हमको छोड़ दिया।
मेरे शीशे जैसे नाजुक दिल को, तेरी तन्हाई ने तोड़ दिया॥
तेरे संग बिताए लम्हों को,
अब याद करके रोता हूँ।
आज भी तेरी तस्वीरों को,
मैं तकिये में लेकर सोता हूँ॥
नजरों से ओझल होकर, तुम रहती कौन से गाँव।
तुम्हें ढूँढ न पाऊँगा मैं, अब ज़ख्मी हो गये पाँव॥

# पुनः आरम्भ

साठ पार का हो गया अब,
शायद बीस-पच्चीस बरस और।
आगे की चिंता सता रही,
जाने कैसा होगा ठौर॥

जिन को हमने ही सिखलाया,
रहन-सहन और चाल-चलन।
वो सब ही अब दिखा रहे हैं,
त्रुटियों-कमियों का दर्पण॥
फूल कह रहा अब माली से,
खिलना सीखो दे कर गौर।
साठ पार का हो गया अब,
शायद बीस-पच्चीस बरस और॥

एक दौर है वो भी गुजरा,
धन-अर्जन में लगे रहे।
रिश्ते-नाते प्यार-वफा सब,
कुछ सोए कुछ जगे रहे॥
अब जा कर के होश में आए,
छँटा अंधेरा हुई है भोर।
साठ पार का हो गया अब,
शायद बीस-पच्चीस बरस और॥

नया-नया है उम्र का अनुभव,
नया-नया सब परिवर्तन है।
अभावों का मर्म है समझा,
ढलान पे काया, अर्थ भी कम है॥
खूब तपन का खेल था खेला,
जब उम्र का सूरज था सिरमौर।
साठ पार का हो गया अब,
शायद बीस-पच्चीस बरस और॥

**राजेश श्रीवास्तव**
**(पता :- बंगलुरु, कर्नाटक)**

खाली मन है दुःख का कारण,
रीतपन मुख पर रेखांकित।
दुख ने फिर आरम्भ किया है,
खोज प्रभु की, रुका था किंचित॥
फिर कुछ करने की कोशिश में,
लगा रहा हूँ पूरा जोर।
साठ पार का हो गया अब,
शायद बीस-पच्चीस बरस और॥

# मृगमरीचिका

क्या-क्या जतन किया करते थे,
खुद को सफल बनाने के,
छोटी-सी असफ़लता होती थी,
आठ-आठ आँसू बहाने के,
कीर्तिमान स्थापित कर डाले,
एक घर, एक कार लिया,
एक एक कर के पैसे जोड़े,
कितनों का प्रतिकार लिया,
एक पर्दें भी जब लेते थे,
रोज-रोज उसे निहारा किए
रंग पैटर्न रोज देख कर के,
खुश हुए और संवारा किए,
कोई आए तो तारीफ ही करे,
मन ही मन विचार किए,
कुछ दिन ये चला सिलसिला,
फिर धीरे धीरे बिसार दिए,
अब तो हम उसी पर्दें को,
छुते हुए गुजरते है,
न ही उसका रंग दिखता है,
न कोई भाव उभरते है,
आज मैं कितना हँसता हूँ,
जब बीते दिन की कहता हूँ,
क्यों रोता था क्या बोता था,
हर एक चमक सोना होता था,
असफलता से तब डर जाता था,
रोज जीता और मर जाता था,
अब सब वो बचकानी लगता,
जो बिता बेमानी लगता,
पर आज भी तो हाल वही है,
तन मन चलता चाल वही है,
कल फिर ये बचकानी होगा,

**राजेश श्रीवास्तव**
**(पता :- बंगलुरु, कर्नाटक)**

जो है सब बेमानी होगा,
क्या बीते से कुछ सीखा है ?
या सबकुछ फिरसे फीका है ?
क्यों पाया है जन्म यहाँ?
क्या मेरा है उद्देश्य ?
चमक दमक की कौंध में
मिला नहीं उपदेश ।

# प्रकृति के रंग

**नंद किशोर 'भारद्वाज'**
**(पता :- मोरनी हिल्स, हरियाणा)**

प्रकृति के हैं रंग अनेक ,
छिपे हैं इसमें भेद अनेक ।
महीना जब सावन का आता ,
रिमझिम बारिश खूब बरसाता ।
भादों धूप खूब तपाता ,
किसान फसल देख मुस्काता ।
कार्तिक मास 'दिवाली' है लाता ,
मिठाई हमें खूब खिलाता ।
महीना जब 'माघ' का आता,
आग हमें खूब तपाता ।
फागुन में जो रंग बिखराता ,
त्यौहार 'होली' का कहलाता ।
महीना जब जेठ का आता ,
धरती को वह खूब तपाता ।
और फिर से 'सावन' आ जाता ,
रिमझिम बारिश खूब बरसाता ,
नदी, ताल पानी भर जाता ।

# मीनू का जन्मदिन

आज मीनू का जन्मदिन है,
हम सब मीनू के जन्मदिन में जाएंगे,
वहाँ खूब गुब्बारे फुलाएंगे,
सब मिलकर केक चॉकलेट खाएंगे।
सोनू- मोनू तुम भी आओ ,
सब मिलकर धूम मचाएंगे ।
हम सब मीनू के जन्मदिन में जाएंगे,
हैप्पी बर्थडे मीनू, गीत गाएंगे
हम सब मीनू के जन्म दिन में जाएंगे ।

नंद किशोर 'भारद्धाज'
(पता :- मोरनी हिल्स, हरियाणा)

# आओ सारे-चलें स्कूल

नंद किशोर 'भारद्वाज'
(पता :- मोरनी हिल्स, हरियाणा)

आओ सारे चलें स्कूल ,
उड़ती जाए रास्ते में धूल ,
उड़ने दो भई, उड़ने दो ,
आओ सारे चलें स्कूल।
सोनू, मोनू भी पहुंचे स्कूल ,
करके अंग्रेजी, हिन्दी, गणित का काम ,
जाकर सबने किया गुरुजी को प्रणाम ।
नेहा, स्नेहा ने प्रार्थना गाई ,
सब बच्चों ने मिलकर दोहराई ,
करके मन में, प्रभु का ध्यान
और शुरू हो गया पढ़ाई का काम ,
आओ सारे चलें  स्कूल ।

# मोरनी की वादियाँ

मोरनी- प्रकृति की इन रंगीन-हसीन वादियों में
रम जाने को जी चाहता है।
श्वेत-श्वेत घने बादलों के साथ
उड़ जाने को जी चाहता है,
इन रंगीन हसीन.......
गहरी घाटियों से डर लगता है
ऊँचे शिखरों पर चढ़ जाने को जी चाहता है,
इन रंगीन-हसीन.....
सांय-सांय करते चीड़ के ऊँचे पेड़,
इनके साथ कोई धुन गाने को जी चाहता है ।
इन रंगीन हसीन वादियों.......
गहरी घाटियों से डर लगता है,
ऊँचे शिखरों पर चढ़ जाने को जी चाहता है,
इन रंगीन हसीन.......
है हरियाली यहाँ की इतनी मनोरम साथ इसके,
झूम जाने को जी चाहता है,
इन रंगीन हसीन .........
भोले-भाले गठीले लोग यहाँ के,
इनके साथ, रह जाने को जी चाहता है,
इन रंगीन- हसीन......
है मुश्किल यहाँ से जा पाना,
यहीं पर बस जाने को जी चाहता है,
मोरनी की इन हसीन वादियों में
रम जाने को जी चाहता है।।

नंद किशोर 'भारद्वाज'
(पता :- मोरनी हिल्स, हरियाणा)

# काश तुम होते

काश तुम होते,
तो हम न रोते।
प्यार करने के ख़्वाब,
दिन रात गुजरे,
अब एक ख्यालात,
सुबह पक्षी की हो चहचहाहट,
देख तेरी चाहत,
बन जाती मेरी मुस्कुराहट,
काश तुम होते, तो हम न रोते।

तन्हाई का आलम तेरा यूँ सताना,
बात करने का वो बहाना,
न फ़िक्र चाहे जो समझे बैरी जहां,
एक दूजे के लिए हो गए थे हम दीवाना,
सोच उस पल को मेरा ये मुस्कुराना,
काश तुम होते तो, हम न रोते।

पल न लगता कब होता रूठना-मनाना,
बिन तेरे जी पाऊँ सोचना भी था भयानक,
बिल्कुल अनजान न कोई पहचान,
रिश्ता मानो हो सदियों पुराना,
रूह का बन्धन छुड़ा न पाएगा,
ऐसे हुआ तेरा तुझमें समा जाना,
एक बार गले तो लगाना,
एक ही शिकायत तुम से,
क्यों? कैसे? किसलिए हुआ तेरा मुझे छोड़ जाना,
एक तेरे होने से भूल जाती मैं सारा जमाना,
काश तुम होते तो, हम न रोते।

**जलेश्वरी गेंदले**
(पता :- पथरिया, मुंगेली, छ.ग.)

# बिटिया अब सयानी हो गई है

बिटिया अब सयानी हो गई है,
अब से स्कूल नहीं जाएगी,
घर पर रहकर घर के कामकाज में,
माँ का हाथ बटाएगी।

**जगत पाल**
(पता :- मनीमाजरा, चण्डीगढ़)

आखिर रखा क्या है पढ़ाई में ?
कौन-सा इसने कुछ बन जाना है ?
पंख फैलाकर खुले आसमान में उड़ जाना है,
पिंजरे की चिडिया है पिंजरे में ही फड़फड़ाएगी ।

पढ़ लिख गई तो सवाल पूछेगी ?
अपने अधिकारों की आवाज उठाएगी ?
शिक्षित न कहलाकर, कुल्टा, बदचलन कहलाएगी ।

फिर या तो जला दी जाएगी,
या फंदे पर लटका दी जाएगी ।
बिटिया अब सयानी हो गई है
अब से स्कूल नहीं जागी ॥

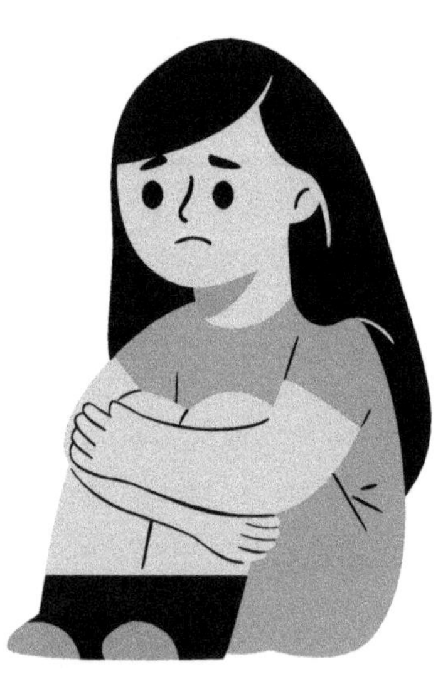

# बरसाती मेंढक

**जगत पाल**
(पता :- मनीमाजरा, चण्डीगढ़)

बरसाती मेंढक
निकलते हैं
बरसात के दिनों में,
करते है दिन-रात
टर्र-टर्र-टर्र।

मौसम के बीतने पर,
सब चले जाते हैं अपने-अपने घर,
ठीक उसी तरह चुनाव आते ही,
निकल आते है चुनावी मेंढक,
करते हैं वादे जाते हैं घर- घर
करते है टर्र-टर्र - टर्र,

चुनाव खत्म.....
टर्र-टर्र खत्म.....।।

# मेरा स्कूल

मयंक शर्मा
(पता :- मोरनी हिल्स, हरियाणा)

मेरा स्कूल बहुत ही प्यारा,
ज्ञान का है यहाँ भण्डार सारा ।
हम बच्चों को शिक्षा देकर,
बनाता है यह भविष्य हमारा ।

पढ़कर-लिखकर बने महान,
बढ़ाते हैं माता-पिता की शान ।
विद्या का है सागर न्यारा,
मेरा स्कूल है बहुत ही प्यारा ।

खेलना-कूदना है सब सारा,
शिक्षा का हमें पाठ पढ़ाकर
बच्चों का है जीवन संवारा,
मेरा स्कूल है बहुत ही प्यारा ।

शिक्षा ही है माध्यम सारा,
अध्यापक पढ़ाएँ बहुत ही प्यारा ।
शिक्षा से ही जीवन बनता,
हमारा देश है इसी से चलता ।

ऐसा है मेरा न्यारा स्कूल,
जिसको नहीं मैं सकता भूल ।
यह है बहुत ही दुलारा,
मेरा स्कूल है बहुत ही प्यारा ।

# मेरे हमराज तुम हो

मेरे कल और आज तुम हो,
मेरे सरताज तुम हो।
सात जन्मों का साथ अपना,
मेरे दिन और रात तुम हो, मेरे हमराज़ तुम हो।

मेरे सब श्रृंगार तुम हो,
मेरे गले के हार तुम हो।
जीवन के आधार सजना,
मेरे गीतों के राग तुम हो, मेरे हमराज़ तुम हो।

**छगनलाल मुथा 'सान्डेराव'**
**(पता :- मुम्बई, महाराष्ट्र)**

सोलह मैं श्रृंगार करूँगी,
बाहों में झूला झुलूँगी।
आ गया है प्यारा सावन,
मेरी बगिया की बहार तुम हो, मेरे हमराज़ तुम हो।

तेरे बिना नहीं आये चैन,
राह तकते थक गये नैन।
तुम ही मेरे दिल की धड़कन,
मेरी वीणा की तान तुम हो, मेरे हमराज़ तुम हो।

तेरे साथ ही रहना मुझको,
नहीं चाहिए गहना मुझको।
दिल में तेरी तस्वीर है साजन,
मैं राधा मेरे श्याम तुम हो, मेरे हमराज़ तुम हो।

# हाइकू

मौसम आया,
प्रेम के गीत गाना,
गुनगुनाना॥

आया बसंत,
मौसम हुआ मस्त,
चली बयार॥

मादक हवा,
प्रेम के गीत गाती,
लगे सुहानी॥

संजय डागा
(पता :- हातोद, इन्दौर,
मध्य प्रदेश)

बौराए आम,
खिली-खिली सरसों,
मन हर्षित॥

लहलहाती,
फसलों को देखता,
किसान खुश॥

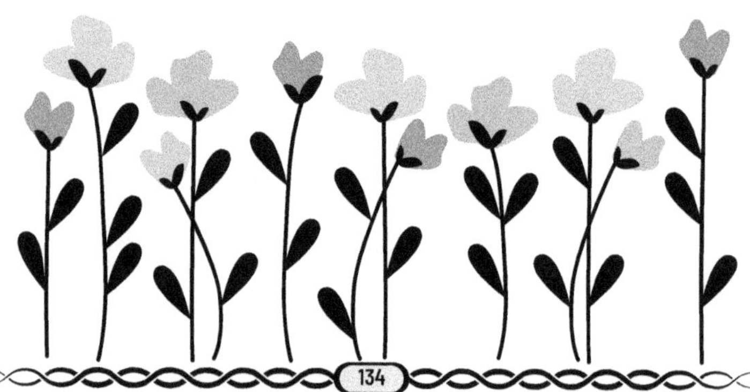

# ऐ मेरी क़लम

ऐ मेरी क़लम!
कुछ ऐसा कर दे कि,
मेरी अनकही बातें भी..
इस कोरे पन्नों में अभिव्यक्त हो जाएँ,
शब्दों में पिरो सकूँ अपने अस्तित्व को,
अल्फ़ाज़ों में व्यक्त कर सकूँ जज़्बातों को,
इस कोरे पन्ने में लिख सकूँ...
अपने जीवन की रागिनी को,
न मिट सके जो, उस अमिट निशानी को।
स्वीकारना बड़ा ही मुश्किल है,
हर किसी का जीवन भी तो,
कोरे कागज़-सा अमिट है।
ऐ मेरी क़लम,
तू ख़ामोशी से खामोश रह जाना,
ये अभिव्यक्ति ही बड़ी अमिट है,
जो न जाने कैसे सब कुछ,
ख़ामोशी से व्यक्त कर देती है,
ऐ मेरी क़लम!

**अर्चना होता**
**(पता :- चण्डीखोल, ओड़िसा)**

# अगर धरा पर प्यार न होता

सारा जग तब कैसा होता,
अगर धरा पर प्यार न होता।
शब्द न होते गीत न होता,
और कहीं संगीत न होता।
मनवीणा के तार न बजते,
और नहीं घुँघरू ही बंधते।
यह ऋतुराज बसंत न होता,
इंतजार का अंत न होता।
मिलन-बिरह उपचार न होता,
अगर धरा पर प्यार न होता॥

**मदन कुमार उपाध्याय**
**(पता :- नोयडा, उत्तर प्रदेश)**

रीति-नीति-प्रतिकार न होता,
अगर धरा पर प्यार न होता॥

न कृष्ण-दिवानी राधा होती,
न सुविधा कोई बाधा होती।
न मीरा विष का प्याला पीती,
प्रेम की खातिर जीती-मरती।
लैला मजनूँ हीर न होते,
राँझे कभी पीर न ढोते।
मिलन की कभी आस न करते,
वियोग में कभी नयन न भरते।
ममता प्यार-दुलार न होता,
अगर धरा पर प्यार न होता॥

कलियों का संसार न होता,
चमन कभी गुलजार न होता।
फूलों की मुस्कान न होती,
खुशबू की पहचान न होती।
शबनम के मोती न होते,
कलियों की पाँखुरि न धोते।
कली-भ्रमर का रास न होता,
और कभी मधुमास न होता।
जन्म-मरन-अभिसार न होता,
अगर धरा पर प्यार न होता॥

न कोई रिश्ता-नाता होता,
नहीं पुत्र कोई भ्राता होता।
बहन का यहाँ दुलार न होता,
फिर राखी का त्योहार न होता।
न प्यारी माँ जननी होती,
न साजन की सजनी होती।
पिया-मिलन की आस न होती,
बिरहन कभी उदास न होती।

# एक रिश्ता कुछ नक्षत्र के साथ

**काकालि नाग दास**
**(पता :- पश्चिम सिंहभूम,
झारखंड)**

नन्हीं कली थे आप लोग ,
जब आए हमारे पास ।
माता-पिता छोड़े थे आपको
हमारे स्कूल के छोटी सी आंगन के साथ ।

कभी मैडम की जगह गलती से,
"माँ" बोलकर पुकारते थे ,
तभी रिश्ता और जिम्मेदारी  का
एहसास और ज्यादा होता था ।

धीरे-धीरे बढ़ते गए खिलते गए आप ,
अपनी खुशबू फैलाते गए ,
अपने रंग में ढलते गए ।
कभी गुलाब बनके
तो कभी कमल सी खिल के ।

जो नन्हें हाथ, हमारे उंगली पकड़ के
केजी क्लास में आये थे ।
वह हाथ आज टाटा करके बिछड़ने लगे ।

दुख होगा अगर कभी ,
पहचानने में इनकार करोगे तो ।
दुख होगा अगर कभी,
खैरियत नहीं पूछोगे तो ।

मन है भारी, आँखें नम ,
उम्मीद है बहुत आपसे ।
मुरझाना नहीं, झुकना नहीं,
डरोगे नहीं आप ।

क्योंकि आप ही उज्जवल हैं
नक्षत्र इस देश के ।

# मुझे बस आप अपनी बेटी दीजिए

मुझे बस आप अपनी बेटी दीजिए।
पहले अपने पैरों खड़ा हो लेने दीजिए॥

पुरुष हूँ, चाह है नारी की,
ये क्या जाने, कीमत प्यारी की।
ऐसी-तैसी कर दो ऐसों की,
माँग है जिनकी पैसों की।
कहना मानो 'बंजारी' का,
सौदा मत कर देना प्यारी का॥
बस थोड़ा-सा समय दीजिए।
पहले अपने पैरों खड़ा हो लेने दीजिए॥

**प्रकाश पाण्डेय 'बंजारी'**
**(पता :- पन्ना, मध्य प्रदेश)**

सुनो ससुर जी कहीं कर न बैठना पाप,
छात्र के लिए शादी है अभिशाप।
लालच दे मुझको न करो बर्बाद,
रहने दो मुझको अभी आजाद।
जब पढ़ाई पूरी कर बैठा हूँ सरतार,
तब करना शादी का दरबार॥
बहुत सोचने के लिए थोड़ा-सा तो समय दीजिए।
पहले अपने पैरों खड़ा हो लेने दीजिए॥

यह कहते हैं दोस्त मेरे, दोस्ती पक्की,
लेकिन खर्च अपना-अपना।
फिर क्यों एकतरफा खर्चे का,
यारो है ताना-बाना॥
'प्रकाश पाण्डेय' का कहा कीजिए।
आप अपनी बेटी को भी पढा लीजिए॥
मुझे बस आप अपनी बेटी दीजिए।
पहले अपने पैरों खड़ा हो लेने दीजिए॥

नहीं चाहिए रुपया पैसा धन संपत्ति तमाम,
नहीं चाहिए सुख वैभव और आराम।
नहीं चाहिए गाड़ी बँगला टीवी और कार,
नहीं चाहिए कूलर पँखा सोने चाँदी का श्रृंगार।
नहीं चाहिए सोफा कुर्सी मेज,
नहीं चाहिए अलमारी पलँग-सेज।
देना है तो आत्मसंतुष्टि दीजिए।
पहले अपने पैरों खड़ा हो लेने दीजिए॥

# मैं करूण रस का गीत हूँ

मैं करुण रस का गीत हूँ।
करूणा हो दिल में,
तो गा सकती हो।
विश्वास हो ईश्वर पर,
मेरी हो सकती हो॥
मैं सभी जन का मीत हूँ।
मैं करुण रस का गीत हूँ॥

साहस, शील रख पाए दिल में,
चाहे जो गा जाए।
करुणा के समुन्दर बिन,
कोई मेरे पास न आए॥
ऐसी ही जग की रीत हूँ।
मैं करुण रस का गीत हूँ॥

काया तो मेरी माया,
अंतर्मन में आओ।
संशय भ्रम न हो मन में,
तो मुझे अपनाओ॥
मैं सारे जहाँ की प्रीत हूँ।
मैं करुण रस का गीत हूँ॥

मेरा जीवन संघर्षमय,
जो अंगारों पर चल सको।
शोलों में पीयूष मिलेगा,
जो मेरे पथ पर चल सको॥
छल छिद्र छिपाव प्रिय,
न हो तेरे मन में।
प्रेम सुधा की झड़ी लगा दूँ
तेरे सौंदर्य यौवन में॥
हार जाओ दिल तो तेरी जीत हूँ।
मैं करुण रस का गीत हूँ॥

**प्रकाश पाण्डेय 'बंजारी'**
**(पता :- पन्ना, मध्य प्रदेश)**

बिन साज बाज के,
गा सकती हो।
मेरा जीवन,
सुखमय बना सकती हो॥
स्वर से स्वर मिले तो संगीत हूँ।
मैं करूण रस का गीत हूँ॥

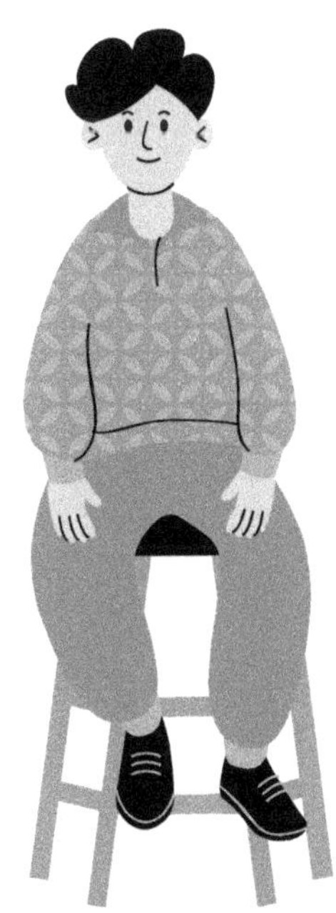

# सर्वश्रेष्ठ

**अश्विनी कुमार जायसवाल**
(पता :- लखनऊ, उत्तर प्रदेश)

जैसा है वैसा,
नहीं रहना चाहता,
कहे तो,
अपने आप में मस्त,
कुंठित और घुटन भरा,
जीवन का कोई नहीं अर्थ,
बनाते अवसर पूर्णार्थ,
जीवन,
एक संग्राम,
हिम्मत संकल्प के साथ,
जो जूझा विजयी हुआ,
सफलता निरंतर अभ्यास,
आवश्यक आत्मिकी भी,
नये आयाम भी शामिल,
सब कुछ खत्म नहीं होता।
जीवन,
कहीं ठहरता नहीं,
खुद समझें,
समझायें दूसरों को भी,
अनर्थ मे अंतर्निहित अर्थ,
खुशी का पीछा करना व्यर्थ,
नहीं है ये मुख्य फल,
उपजती है अंतर्मन से,
उद्देश्य प्राप्त करने को,
समर्पण का परिणाम,
सर्वोत्तम कार्य योजना,
स्वयं से ईमानदारी,
यही है सर्वश्रेष्ठ।

# ये जीवन है

नयी सुबह,
नये आयाम,
नई आश,
नया विश्वास,
नया जोश,
उल्लास उमंग,
आगे बढ़ो,
छू लो आकाश,
सतत प्रयास,
मिली मंजिल,
ये जीवन है।

बीता कल,
सफलता,
असफलता,
जीत-हार,
खुशी-कुंठा,
संघर्ष,
हम होंगे कामयाब,
है विश्वास,
ये जीवन है।

आने वाला कल
भय से ग्रसित,
हाँ या ना,
जीत या हार,
खुशी या गम,
दिन का उजाला,
रात की चादर,
असमंजस,

**अश्वनी कुमार जायसवाल**
**(पता :- लखनऊ, उत्तर प्रदेश)**

मध्यम उड़ान,
संतोष,
जो मिला प्रभू आशीष,
यही पर्याप्त,
ये जीवन है।

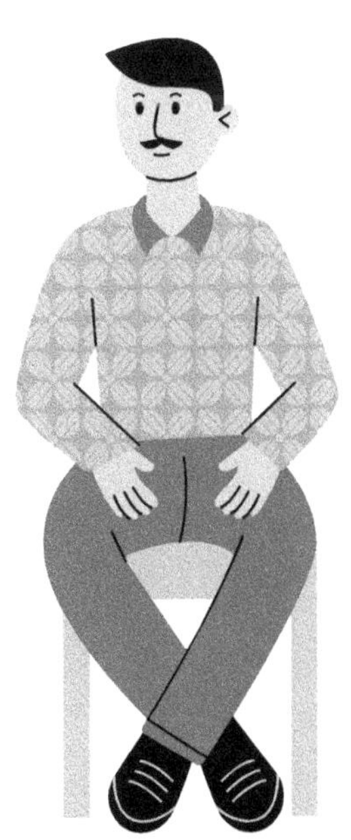

# उठो जागो

**अश्विनी कुमार जायसवाल**
(पता :- लखनऊ, उत्तर प्रदेश)

उलझन,
सुलझाओ,
बिखरो,
निखरने के लिए,
ख्वाब टूटें,
हौसला नहीं,
जूझो,
इस तरह कि,
मुश्किलें हार जायें,
भरोसा खुद पर,
अपने कर्म पर,
निगाह ..
राह के रोड़ों पर,
कदम,
रूके तो,
सामने हो मंज़िल,
बिना रुके,
चलते जाना ..
राही अपने पथ पर,
चलते जाना,
लोग क्या कहेंगें,
क्या होगा प्रभाव,
छोड़ो ये बातें,
सिद्धार्थ यूँ ही बुद्ध बने,
विवेक ने की,
कब किसी की परवाह,
भारत के सपूतों,
उठो जागो,
कुछ कर दिखाओ।

# सुख

जीवन सर्वभूत,
जीव-जन्तु,
पेड़-पौधे,
आकाश-धरती,
सभी में चेतना,
विविधता में भी,
एक ही चैतन्य ऊर्जा,
यही समग्रता,
प्रकृति प्रेम लुटाती,
मूलभूत सुविधाएँ देती,
एक बीज भी कहीं उगाते,
सहस्रों फल हम हैं पाते,
पुष्प कइयों का मन हर्षाते,
वातावरण महका जाते,
बिना दिये पाने की प्रवृत्ति,
मानव परोपकार से वंचित,
एक हाथ से लो,
दूसरे से दो,
रीखना होगा,
अपना हित साधें,
पर दूसरों का भी,
मानवता का मूल पाठ,
श्रेष्ठ वही जिसमें करुणा,
भाव हो समग्रता का,
इसी में संतुष्टि,
संतुष्टि में ही सुख,
बृहद दृष्टिकोण अपनाओ,
सुख नहीं परम सुख पाओ।

**अश्वनी कुमार जायसवाल**
**(पता :- लखनऊ, उत्तर प्रदेश)**

# विजयी बनो

हमारे विचार,
व्यक्तित्व और जीवन को,
देते आकार।
नकारात्मक निरर्थक,
सकारात्मक सार्थक,
सकारात्मक सोच,
ऊर्जा से ओतप्रोत,
मानसिकता होती मजबूत,
विपरीत परिस्थिति से होते बाहर,
सफलता की कुंजी,
परिवर्तन की शक्ति,
सोचा हुआ पाओ,
समस्या,
नहीं डिगाती,
समाधान की सीढ़ी,
दिल की सुनो,
आगे बढो,
सकारात्मक सोच से,
असंभवता समाप्त,
उत्साह दृढ़ता में कमी नहीं,
बनती अविष्कार की जननी,
मिलते मनचाहे लक्ष्य,
बनाता जीवन सहज,
मूल मंत्र,
परिस्थितियाँ हों कठिन विषम,
धैर्य सकारात्मकता,
आत्मविश्वास साधन है,
आगे बढ़ो ..
विजयी बनो।

अश्वनी कुमार जायसवाल
(पता :- लखनऊ, उत्तर प्रदेश)

# रहस्य

जैसी भावना,
वैसी गति,
शुद्ध कल्याणकारी,
अशुद्ध विनाशकारी,
भावना होती,
जीवन का रहस्य,
फूल खुशबू,
भोजन,
स्वाद की सुगंध,
सड़न बदबू,
जैसी प्रकृति,
वैसी भावना से उत्पन्न कर्म,
चहुँ दिश फैलते,
क्रिया का कर्म में परिवर्तन,
भावना से ही होता,
अन्यथा कर्म मात्र क्रिया ही होता,
प्रभाव क्षणिक,
कर्मों के रूप में,
भावनाएं ही सम्मुख आतीं,
राग-द्वेष से किए कर्म,
गहराई से जुड़ते,
विद्रूप छवि के साथ,
जीवन भर जीते।
भावरहित विचार,
प्रभावहीन निरर्थक।
भावना से संवेदनशीलता,
अभाव में पाषाणतुल्य,
जिस भाव से जैसा कर्म,
वैसा ही फल हम पाते।
ये है रहस्य,

**अश्विनी कुमार जायसवाल**
(पता :- लखनऊ, उत्तर प्रदेश)

परिष्कृत करो भावनाओं को,
इन्हें बनाओ शुभ,
तभी सुनेंगे प्रभु प्रार्थना,
प्रभावी होंगे कर्म,
शुद्ध सरल पवित्र होगी आत्मा।

# बनो महान

खुशी औ' शांति,
धन-दौलत, ताकत, प्रसिद्धि,
ज्यादातर लोगों की सोच,
पर ऐसा है नहीं,
दुखी होते वे भी,
जिनके पास ये सब,
नहीं दे पाती कोई भी चीज..
हमेशा खुशी,
होती ये अस्थायी,
जैसे श्रृष्टि का हर उपक्रम नश्वर,
वैसे खुशियाँ भी,
चाहिए हर पल नई खुशियाँ,
करो प्रयास भरपूर,
पर हो न पाएगा,
समझ,
ऐ ना समझ!
भौतिकता में खुशियाँ,
मृगमरीचिका,
चेतो समय रहते,
नहीं तो पछताओगे,
टटोलो अन्तर्मन,
चिंतन-मनन,
ध्यान अन्तर्मुख,
स्थायी सुख औ' शांति पाओगे,
जगत कल्याण के साथ ..
निज हित भी साधोगे,
नहीं कोई अन्य विकल्प,
मत हो परेशान,
ऐ नादान!
यही है राह,

अश्वनी कुमार जायसवाल
(पता :- लखनऊ, उत्तर प्रदेश)

बस यही एक राह,
बनो महान,
बनो महान।

# चाय की चुस्की

धीरे-धीरे,
चाय की चुस्की का मजा लीजिये,

न जाने कोई,
कब रुखसती का वक्त आ जाये,
इसलिए धीरे-धीरे ..
चाय की चुस्की का मजा लीजिये।

**अश्विनी कुमार जायसवाल**
**(पता :- लखनऊ, उत्तर प्रदेश)**

जिन्दगी,
बहुत छोटी,
लगती बहुत बड़ी,
बहुत कुछ करने को,
हो गया गलत,
वक्त बीता संघर्ष में,
खुद को मजबूत बनाने में,
इससे पहले कि देर हो जाये,
जाने का वक्त आ जाये,
धीरे-धीरे चाय की ..
चुस्की का मजा लीजिये।

कुछ दोस्त रुके हैं,
कुछ चले गये,
जान से प्यारे साथ हैं, खुश हूँ,
मगर वो सभी भी न रूकेंगे,
बच्चे हो के बड़े उड़ जाएँगे,
न होगा कोई पुरसा हाल।
इसलिए धीरे-धीरे चाय की ..
चुस्की का मजा लीजिये।

अंत में,
प्यार भरी दुनिया,

ऊपर चमकते तारे,
समझने को रह जाएँगे,
कद्रदानों की कद्र की तारीफ,
फिक्र छोड़ो, मुस्कुराओ,
इसलिए धीरे-धीरे चाय की ..
चुस्की का मजा लीजिये।

मरने पे आँसू बहाओगे,
मैं न जान पाऊँगा,
बेहतर हो आओ,
साथ मिलके रोयें,
फूल भेजोगे मैं न देख पाऊँगा,
बेहतर हो अभी दे दो।
तारीफें करोगे मैं न सुन पाऊँगा,
तो अभी कर दो।
मेरी गलतियाँ माफ कर दोगे,
मैं न जान पाऊँगा,
तो अभी माफ कर दो।
मुझे याद करोगे,
मै महसूस न कर पाऊँगा,
बेहतर हो अभी याद कर लो।
सोचोगे,
कुछ और समय साथ बिता पाता,

आओ अभी साथ समय बितायें,
सुनोगे मैं नहीं रहा,
मेरे घर की ओर आओगे,
शोक-सभा में शिरकत करने,
सालों बीते बात न हुई,
तो अभी आओ मेरे लिए,
धीरे-धीरे चाय की .
चुस्की का मजा लेते हैं। ,

न जाने कोई,
कब रुखसती का वक्त आ जाये,
इसलिए धीरे-धीरे चाय की..
चुस्की का मजा लीजिये।

# पाओ लक्ष्य

आहार, निद्रा, भय, मैथुन,
पशु औ' मनुष्य में समान,
बुद्धि-विवेक के कारण,
अपेक्षाकृत हो जाता विशेष,
हो जाता वो अति विशेष,
जब जीवन चलाता,
सत्य आश्रय में,
देखा, सुना, अनुभव किया,
वैसा ही करना, कहते चलना,
मन वचन कर्म को,
कर्तव्य में अपनाते हुए,
कर्म-योग का सार कर्तव्य,
सद्कर्म से जीवन का शून्य,
मूल्यों से भरता।
कर्तव्य की भावना महायज्ञ,
मन संतुष्ट पवित्र हो जाता।
मत करो,
अयोग्य कर्म,
कष्ट संकट को मत दो बुलावा,
बढ़ो जीवन लक्ष्य की ओर,
बाकी सब भुलावा,
माता-पिता, गुरु, ईश्वर,
नहीं करते निर्धारण,
चरित्र एवं आत्मबल ही,
कर्तव्य का निर्धारक,
सीख को धारण करना,
है जीवन का दर्शन,
पूजा, प्रार्थना, स्तुति, अर्चन,
दुख-संताप से चाहते जो मुक्ति,
रहो सचेष्ट,

**अश्विनी कुमार जायसवाल**
**(पता :- लखनऊ, उत्तर प्रदेश)**

करो निर्वाह,
पाओ लक्ष्य,
पाओ लक्ष्य,
पाओ लक्ष्य !

# ओंकार बोल

ओंकार बोल तू ओंकार बोल,
कुंजी तेरे पास है, ताला अपना खोल।

ओंकार की लय तू जगा,
ज्योत तेरे अन्दर है रोज तू जला,
दीन क्यों बन रहा बन तू अनमोल,
कुंजी तेरे पास है, ताला अपना खोल,
ओंकार बोल तू ओंकार बोल।

रोहताश सिंह 'खनगवाल'
(पता :- पंचकूला, हरियाणा)

नींद में तू सो रहा जाग तू तो जाग,
नदी में बहकर तू जगा अपना राग,
मृदंग घंटी तू बजा, बजा अपना ढोल,
कुंजी तेरे पास है, ताला अपना खोल,
ओंकार बोल तू ओंकार बोल।

पाने और खोने से मुक्त होना सीख,
मानुष तन प्रसाद है माँग नहीं भीख,
प्यार बांटता चल इसका नहीं मोल,
कुंजी तेरे पास है, ताला अपना खोल,
ओंकार बोल तू ओंकार बोल।

अक्षर केवल एक है "ॐ" ओंकार,
अस्तित्व में बसा है निराकार,
ज्ञान अन्दर बाहर दया समरस तू बोल,
कुंजी तेरे पास है, ताला अपना खोल,
ओंकार बोल तू ओंकार बोल,
कुंजी तेरे पास है, ताला अपना खोल।

# भारत ही रहने दो

भारत को तुम भारत ही रहने दो,
क्यों बदलो पहचान, भारत ही रहने दो।
क्यों बांटों तुम हिन्दू-मुस्लिम में ?
हम इंसा है, इंसान ही रहने दो,
भारत को तुम भारत ही रहने दो।
क्यों बांटों तुम वर्ण-जाति में,
देश अखण्ड है, इसे अखण्ड ही रहने दो।
भारत को तुम भारत ही रहने दो।
तिरंगा ही हमारी आन बान शान है,
भगवा सिर्फ मन्दिरों में ही रहने दो,
क्यों बदलो पहचान भारत ही रहने दो।
"हम भारत के लोग" यही पहचान है,
सबसे उत्तम, सबसे सुंदर, भारत का संविधान है।
क्यों बोलो हिंदुस्तान ? भारत ही रहने दो।
बहती है ये प्रेम की धारा बहने दो।
क्यों करते हो देश में नफरत, रहने दो।
ढाई आखर प्रेम का, कबीर रहने दो।
क्यों बदलो पहचान, भारत ही रहने दो।
भारत को तुम, भारत ही रहने दो ।।

रोहताश सिंह 'खनगवाल'
(पता :- पंचकूला, हरियाणा)

# तुम्हारी तस्वीर

**रीना देवी**
**(पता :- पंचकूला, हरियाणा)**

तुम्हारी तस्वीर को हमने,
प्रोफाइल से चुरा लिया।
खफा न होना हमसे,
उसे अपना बना लिया।

हर पल हर घड़ी अब,
वो पास है मेरे।
तुम्हारी हर अदा मिली,
मिले जलवे बहुतेरे ।

सुनती है खामोशी से वो,
मेरे हर लफ्ज़ को ।
न चिढ़ती है, न रूठती है,
न तरसाती है स्पर्श को ।

तुमसे कहीं अच्छी मुझे,
तेरी तस्वीर लगती है।
देखकर मेरी तन्हाई वो,
कितना तड़पती है।।

मेरे जिस्म, मेरी रूह,
मेरे दिल पर वो छा गई।
तू दूर है, न शिकवा हमें,
तेरी तस्वीर भा गई।

मेरी तन्हाई, तेरी रुसवाई,
की साथी मिल गई।
तुम न मिले मन न सही
तेरी तस्वीर मिल गई।।

# तुम उस शर्वरी पढ़ते

खत मेरा अंत तक,
काश! तुम उस शर्वरी* पढ़ते,
प्रेम का एक नव रूप,
काश! तुम विभावरी गढ़ते।
तुम अगर पढ़ते तो शायद,
फैसले आज कुछ और होते।
देह से भले विलग रहते,
किन्तु हृदय से एक रहते।
प्रिय! निर्णय तुम्हारा सहजरूपी,
निर्मित ताज होता।
शीश मैं झुकाती,
पूर्ण सब अभिषेक होते।
सोपान उस दिन प्रणय का,
काश! तुम दो चार चढ़ते।
खत मेरा अंत तक,
काश! तुम उस शर्वरी पढ़ते।
अंत तक पढ़ते तो ..
कहते, हूँ तुम्हारे साथ प्रिय!
नेह की डोर थाम लो अब नेह प्रिय!
ये दुनिया क्या कहेगी,
फर्क अब पड़ता नहीं है।
मांग का सिंदूर दो,
तुम मान लो यह बात प्रिय!
भाग्य के अनजान पथ पर,
काश! तुम उस शर्वरी बढ़ते।
खत मेरा अंत तक,
काश! तुम उस शर्वरी पढ़ते।
कल तुम्हारी तस्वीर से,
बात मेरी हो रही थी।
होठों पर झूठी हँसी थी,

**डॉ० पल्लवी सिंह 'अनुमेहा'**
**(पता :- बैतूल, मध्य प्रदेश)**

आँखें खुलकर रो रही थीं।
मन व्यथा का पट लपेटे,
भाव के जब घाट बैठी।
मैं एहसासों के आंसुओं से,
दाग सारे धो रही थी।
देखकर यह दृश्य दारुण,
चेतना थी चीख पड़ी।
खत मेरा अंत तक,
काश! उस शर्वरी पढ़ते॥
(*शर्वरी = रात)

# प्रेम के गहनतम पल

प्रेम के सबसे गहनतम पलों में,
तुम्हारी हथेलियों के मध्य मेरा चेहरा,
प्रथम आभा के गुंजन में समाए,
ओस के नक्षत्र की तरह जगमगाता है।
मेरे केश तुम्हारी उंगलियों में,
उलझकर चादर पर,
ख़्वाबों की तरह फैलते हैं,
और मेरा ज़िस्म तुम्हारी ओर,
टहनी की तरह उमड़ता है,
और मेरे ख़्वाब,
सघन वारिध बन मुझ पर झुकते हैं।
तुम हो जो मेरे ख़्वाब जगाते हो,
मेरी कल्पनायें तुम्हारे नभमंडल पर,
आदम की सेब की तरह उकर आईं हैं।
कविता कुछ भी हो,
अपने हजारवें हिस्से में,
सच का पहरुआ होती है।
हवा का झोंका सुगंध को,
बुलाता नहीं है,
सुगंध भी अनधिकृत,
हवा में पदार्पण नहीं करती।
कुछ लोग होते हैं,
एक-दूसरे के लिए।
हमें सुख सिर्फ़ वही दे सकता है,
जिससे हम प्रेम करते हैं।
जिसके अंदर कोई इच्छा न हो,
उस पर केवल अत्याचार किया जा सकता है,
किन्तु ..
उसका शोषण नहीं किया जा सकता।।

डॉ० पल्लवी सिंह 'अनुमेहा'
(पता :- बैतूल, मध्य प्रदेश)

# जलने का अधिकार

ग़ज़ल की मूरत तू,
भावों की सूरत तू,
प्रेम की प्रतीक तू,
रोशनी की गीत तू,
आशा की दीप तू,
निराश की जीत तू,
फिर भी क्यों जल रही,
ऐसे ही दिन रात तू?

मुझे देख मैं भी तो,
प्रेम का प्रतीक हूँ,
पुष्पों का मीत हूँ,
रसों की प्यास हूँ,
संभोग ही खास हूँ।

फिर भी तेरा मीत,
कहलाता मैं प्रीत,
डरता हूँ जाने को,
मै तेरे ही पास,
क्यों कि तू है,
इतनी भीषण आग,
कि जलाकर राख,
कर देगी मुझको।
इसलिए पूछता हूँ,
क्यों तू हे शलभ!
जलता है रात दिन,
प्रेम का प्रतीक बन?

शलभ का उत्तर था ..
मै स्वयं जलता हूँ,

**रत्ना बापुली**
(पता :- लखनऊ, उत्तर प्रदेश)

रोशनी देने के लिए,
अँधेरा दूर भगाने के लिए,
इसी में मैं आनन्द हूँ पाता,
तुमसे मेरा जन्म-जन्म का नाता,
पर यही है मेरा उपहार,
रहने दो मुझे ऐसे ही,
मुझसे न छीनो तुम,
मेरे जलने का अधिकार।

# नन्ही परियाँ

जाने ये नन्हीं परियाँ कहाँ से आती है !
घर-आँगन महका कर,
एक दिन अपने साथी संग उड़ जाती है।

एक परी है मेरे पास भी,
जो मुझे मेरे बचपन की याद दिलाती है,
ठुमक-ठुमक के चलती है ,
जैसे कुमकुम से हर कोने पे,
अपने कदमों की छाप लगाती है ।

घर पहुँचते ही मेरे अपनी तोतली भाषा में,
सारे दिन का हाल बताती है,
चढ़ जाती है गोदी में,
और गिली पलकों से अपना गुस्सा जताती है।

फिर शायद सोचती है माँ भूखी होगी ,
तो जाने कहाँ से भर लाती है,
हाथ अपने मिट्टी से,
और अपने संग मुझे भी खिलाती है ।

कभी माँ की इबादत ,
कभी पिता की बरकत बनके ,
सारे घर की खैर मनाती हैं,
कहते हैं जिस घर पे हो खुदा की रहमत वही ये परियाँ,
बेटियाँ बन के उतर आती हैं।

**मीना सूरी**
**(पता :- पंचकूला, हरियाणा)**

# कभी हार नहीं होती

मेहनती लोगों की कभी हार नहीं होती,
मेहनत से डरकर परीक्षा पास नहीं होती,
बिना चले जैसे मंजिल मंजिल पार होती,
बिना इंजन के जैसे कार नहीं होती,
जनता के बिना सरकार नहीं होती,
मेहनती लोगों की कभी हार नहीं होती,
बिना राहगीर के जैसे सड़क नहीं होती,
बिना पानी के  जैसे नदी नहीं होती,
बिना पानी के जैसे बांस नहीं होते,
बिना पेड़ो के जैसे जंगल नहीं होता,
जानवरों से डरकर जंगल पार नहीं होते,
मेहनती लोगों की कभी हार नहीं होती।

**नेहा शर्मा**
**(पता :- मोरनी हिल्स, हरियाणा)**

# यादें

दिल के रिश्ते भी हैं न्यारे ,
खून से नहीं होते हैं बंधे।
मगर फिर भी बनते हैं प्यारे ,
कब अजनबी से अपने हो जाते हैं ?
चंद मुलाकातों में ही ,
दोस्त वह कहलाते हैं ।
जिंदगी का हिस्सा बन जाते हैं ,
महत्वपूर्ण एक किस्सा बन जाते हैं ।
दोपहर का समय याद आता है ,
जब अकेले बैठ खाना खाते हैं ।
हँसते चेहरे वो सामने आते हैं ,
फिर अकेले बैठ हम मुस्कुराते हैं ।
आँखों में धुंधली यादें रह जाती हैं ।
समय तो वापस आता नहीं ,
मगर याद उस समय की आती है ,
इस तरह यादें कुछ ताजा हो जाती हैं ।

**प्रियांशु**
**(पता :- मोरनी हिल्स, हरियाणा)**

# नकाब

लगता है बागवान की नीयत आज खराब है
मुरझाया हुआ  क्यों चमन का हर गुलाब है?
लगता है बागवान की नीयत आज खराब है।।
पहचानना बहुत मुश्किल है,बहुत आदमी को अब।
चेहरे  पे आम तौर पे सबके नकाब  है।।
सच बोलने वाले की जुबां  काट दी गई ।
जो बोलता है झूठ , वही लाजवाब  है।।
अब इंकलाब  के लिए  मुद्दे  नहीं  रहे।
कुर्सी  के लिए  सिर्फ  यहाँ  इंकलाब है।।
हमको तो सूखी रोटियाँ मुश्किल से है नसीब।
उनके लिए  कबाब है, मुर्गा शराब  है।।
अब तक  अंधेरे  में गुजरती है जिंदगी मेरी।
कहने के लिए सर पे मेरे आफताब  है।।

**विजय कुमार सिन्हा**
**(पता :- गया, बिहार)**

# मेरी संवेदना

है बहुत संवेदना मेरे मन के अंदर;
इसलिए मैं अयोग्य हूँ,...
इस जग के अंदर ।

सारा जीवन इस संवेदना की,
भेंट चढ़ गया ।
बनाने वाला भी मुझे,
दु:ख के सोने से गढ़ गया।

रेगिस्तान के रेत में जैसे,
सोना भी बेमोल हुआ है।
मेरा भी ऐसे ही न कोई,
अपनों में मोल हुआ है।

**प्रिया प्रिंसेस पवाँर**
**(पता :- द्वारका मोड़,**
**नई दिल्ली)**

तो इतने दु:ख न पाती हर जगह।
कहता मेरा हर चिंतन-मनन,
मेरी संवेदना ही बनी दर्द हर जगह।

सब का दर्द मैंने समझा,
दर्द दूर किया।
सब अच्छे बने रहे,
मुझे बुराई में मशहूर किया।

मैं अपनों के गम,
मिटाती रही।
सब का ख़्याल रखकर,
खुद को घटाती रही।

ये संवेदना और संवेदनहीनता का,
युद्ध सारा था।
मैं सबसे ज्यादा लड़ी पर,
मैंने ही हर सुख हारा था।

काश! मैं संवेदनाहीन होती कई जगह।

# अच्छी इंसान हूँ

मैं महान हूँ, जब इस पर विचार करती हूँ,
तब सोच के कई पड़ाव, पार करती हूँ।
बीते हुए कई लम्हों से, बार-बार गुजरती हूँ।

प्रिया प्रिंसेस पवाँर
(पता :- द्वारका मोड़,
नई दिल्ली)

सोचती जब परिवार के बारे में,
तब स्वयं को शायद महान ही पाती हूँ।
खुद को एक इस्तेमाल, सामान ही पाती हूँ।
बनाया इनका सम्मान फिर भी,
खुद के लिए अपमान ही पाती हूँ।

जो दूसरों के दु:ख मिटाता, कष्ट दूर करता है।
उसकी सादगी बन जाती जहर, हर कोई मजबूर करता है।
जग मतलबी और बार-बार साबित,
यही दस्तूर करता है।

महान तो संत ही बन पाते हैं।
दुनिया का हर स्वार्थ, सह जाते हैं।
होकर प्रताड़ित भी, खुश रहो कह जाते हैं।

मैं संत जैसी हूँ पर संत नहीं।
महानता के कुछ गुण मुझमें,
पर सारे अवगुणों का अंत नहीं।
महान नहीं, जब महानता रहती जीवन पर्यंत नहीं।

महान बना नहीं जाता,
दुनिया में रहकर।
पहले अच्छे इंसान तो बनकर दिखाओ,
जीवन धारा में बहकर।
न पालो वहम, खुद को महान कहकर।

अच्छे गुण मुझमें, नहीं मैं महान हूँ।
पर बेशक एक अच्छी इंसान हूँ।

# बिन सुने सामने से गुजरता है आदमी

प्रिया प्रिंसेस पवाँर
(पता :- द्वारका मोड़,
नई दिल्ली)

बदल गया है अब आसमां,
बदल गई है ज़मीं।
न सुनता कोई किसी की अब,
बिन सुने सामने से गुजरता है आदमी।

हर इंसान अब मतलब का हुआ।
न कोई सलाम किसी से, न कोई दुआ।
न अब वो सच के शोले रहे,
न इंसानियत की रही नमी।
बन मतलबी सामने से गुजरता है आदमी।
बिन सुने सामने से गुजरता है आदमी।

न किसी की आह सुनता कोई,
न सही राह चुनता कोई।
हमदर्दी के अहसास की जैसी,
न बची अब जमीं।
बन मतलबी सामने से गुजरता है आदमी।
बिन सुने सामने से गुजरता है आदमी।

न जानी मानवता,
न सही समझ पाई।
एक मूर्ख अज्ञानता में ही,
जैसे दुनिया समाई।
न जाना ये कि इंसानियत से ही,
दुनिया है थमी।
बिन समझे सामने से गुजरता है आदमी।
बिन सुने सामने से गुजरता है आदमी।

# यूँ बुलाया न करो

यूँ मुझे दूर से पुकार बुलाया न करो।
यूँ छुपके चोरी-चोरी प्यार जताया न करो।

ये सर्द मौसमी बयार क्यूँ धुआँ-सा है,
के आग दिल में जो जली है, बुझाया न करो।

तमाम रास्ते, पहाड़, बियाबाँऽ भी हैं,
डगर जो चल पड़े तो यार फिराया न करो।

ये तेरा हुस्न बेपनाह यूँ दिखाके मुझे,
न मैं हसीन हूँ तो क्या, जलाया न करो।

हजारों ग़म पड़े हैं 'संजय' यार दुनिया में,
दिखाके मुझको झूठे ख्वाब रुलाया न करो।

**संजय कुमार राव**
**(पता :- गोरखपुर, उत्तर प्रदेश)**

# तुम्हारी शोख नज़रों से

तुम्हारी शोख नज़रों से जी, बचके हम कहाँ जाएँ!
तुम्हारी इन अदाओं से जी, बचके हम कहाँ जाएँ!

इन आँखों में कशिश कैसी, अजब सी है निराली है।
ये जुल्फों के घने साये, घटाएँ काली काली हैं।
समां ये आशिकाना है, इसे छोड़ें कहाँ जाएँ।
तुम्हारी शोख नज़रों से जी, बचके हम कहाँ जाएँ!

सरकती जाए है चिलमन, ये शरमाया तेरा चेहरा।
चमकती है ये बिजली-सी, नुमायाँ ये तेरा चेहरा।
तेरे दीदार की ख्वाहिश, दबाकर हम कहाँ जाएँ!
तुम्हारी शोख नज़रों से जी, बचके हम कहाँ जाएँ!

रसीले ये अधर तेरे, गुलाबों से भी कोमल हैं।
नशीले ये तेरे नैना, खुमारी से जो बोझल हैं।
बढ़ाते साँस की धड़कन, छिपाकर हम कहाँ जाएँ।
तुम्हारी शोख नज़रों से जी, बचके हम कहाँ जाएँ!

संजय कुमार राव
(पता :- गोरखपुर,
उत्तर प्रदेश)

# मैं गीत प्रेम के गाता हूँ

छला गया मैं पग-पग पर,
और ठगा भी गया मैं हर राह पर,
सूरत पर कभी गया नहीं,
सीरत देखी पिघल गया।
ठगकर भी इतराता हूँ,
मैं गीत प्रेम के गाता हूँ।।

भोली सूरत मासूम चेहरे,
अंदर-बाहर नकाब बहुतेरे,
गले लगाकर छुर्रा घोंपें,
घावों की फिर दवा भी बेचें।
जख्मों को सहलाता हूँ,
मैं गीत प्रेम के गाता हूँ।।

मंजिल के अफसाने थे,
कुछ लोग बहुत पुराने थे,
कुछ अपने कुछ पराए थे,
राहों के हमसाये थे।
उन राहों में खो जाता हूँ,
मैं गीत प्रेम के गाता हूँ।।

सुख-दुख के वो साथी थे,
हमजोली थे हमराही थे,
जीवन की इस धारा में,
संग ज्यों दिया-बाती थे।
उन राहों में मिट जाता हूँ,
मैं गीत प्रेम के गाता हूँ।।

जीवन डगर पर चलता हूँ,
भले ठोकर खाता हूँ,

**कुमार सतीश**
**(पता :- हिसार, हरियाणा)**

नित लक्ष्य नया पाता हूँ।
जीवन के अवसादों को पी,
राह नई बनाता हूँ,
मैं गीत प्रेम के गाता हूँ।।

दुनिया एक मेला है,
जो आए वो चले गए,
राजा-रंक एक बराबर,
सिंहासन भी नहीं रहे।
देख तमाशा इठलाता हूँ,
मैं गीत प्रेम के गाता हूँ।।

छला गया मैं पग-पग पर,
हर राह मैं ठगा गया,
सूरत पर कभी गया नहीं,
सीरत देखी पिघल गया।
ठगकर भी इतराता हूँ,
मैं गीत प्रेम के गाता हूँ।।

# प्रवास

ओ परदेसी !
कहाँ से आते हो ,
हर साल....
तुम इतने खूबसूरत क्यों हो ?
 क्यों इतने प्यारे हो
दूसरों से क्यों
न्यारे हो ?
कैसे पंहुच जाते हो यहाँ
हर वर्ष ?
इसी महीने !
क्या तुम्हारे वहाँ
सर्दी ज्यादा होती है ?
या खाना समाप्त हो जाता है ?
इन दिनों ,
जो तुम यहाँ चले आते हो।
तुम्हारा प्रवास अच्छा लगता है,
पर तुम मार्च आते ही ,
चले क्यों जाते हो ?
कहाँ खो जाते हो ?
हमें अच्छा लगता है ,
तुम्हारा अटखेलियाँ करना,
दाने चुगना...
और...
शाम होते
कतारबद्ध
संगीतबद्ध
नित्य प्रति
उडारी भरना
हमें अच्छा लगता है,
तुम्हारा पूरा दिन,

**कुमार सतीश**
**(पता :- हिसार, हरियाणा)**

टें टें टें करना,
तुम्हारा सामान्य से छोटा आकार,
रंग-बिरंगी चोंच,
हरी,स्लेटी, लाल।
अच्छा एक बात तो बताओ,
तुम रात को भी क्यों नहीं सोते,
क्यों उडारी भरते हो अंधेरे में,
क्या तुम्हारे वहाँ सोना मना है ?
या यहाँ का मौसम इतना सुहावना लगता है?
तुम इतनी ऊर्जा कहाँ से लाते हो ?
और यहाँ इतने कैसे घुलमिल जाते हो
हर वर्ष..?
यहाँ के पक्षियों से कैसे
दोस्ती कर लेते हो आते ही ?
चलो ये सब छोड़ो,
इतना ही बता दो,
जब तुम्हें सब इतना अच्छा लगता है,
तो फिर लौट क्यों जाते हो ?
अच्छा ये भी नहीं बताते,
तो इतना तो बताते जाओ,
अगले साल कब आओगे ?
ओ परदेसी
कहाँ से आते हो ?
अपना पता तो बताते जाओ ?

# ये वक्त गुजर जाने दो

जो हैं यहाँ शत्रु मेरे, उनको भी मुस्कुराने दो।
मेरा भी वक्त आएगा, ये वक्त गुजर जाने दो।।

मेरी खुशी, मेरा सुकून, उनको कहाँ से भाएगा।
मेरे दुःखों को देखकर, ही उनको चैन आएगा।
जो खुश हुए मेरे दुःख पर, उनको खुशी मनाने दो।
मेरा भी वक्त आएगा, ये वक्त गुजर जाने दो।।

**चन्दन केशरी**
**(पता :- झाझा, जमुई,**
**बिहार)**

मेरे दुःखों को देखकर, उनके दिलों को चैन है।
वो हँस रहे, मुस्का रहे, और भीगे मेरे नैन है।
जो बन गए शत्रु मेरे, उन्हें दुश्मनी निभाने दो।
मेरा भी वक्त आएगा, ये वक्त गुजर जाने दो।।

दर्द मेरे दिल का वो, सबको ही सुना रहे।
दर्द कितना है मुझे, हँस-हँस कर बता रहे।
मेरे दुखों की दास्तां, सुनाते हैं, सुनाने दो।
मेरा भी वक्त आएगा, ये वक्त गुजर जाने दो।।

उनको एक बीमारी है, महफिल में है यही हवा।
मुझे दुःखी यूँ देखना, ही उनके मर्ज की दवा।
मर जाएँगे इसके बिना, उन्हें दवा तो खाने दो।
मेरा भी वक्त आएगा, ये वक्त गुजर जाने दो।।

धन्यवाद